高等院校广

广告创意

张 雯◎编著

中国建筑工业出版社

图书在版编目（CIP）数据

广告创意/张雯编著. — 北京：中国建筑工业
出版社，2018.4
高等院校广告专业规划教材
ISBN 978-7-112-22008-3

Ⅰ. ①广⋯ Ⅱ. ①张⋯ Ⅲ. ①广告学—高等学
校—教材 Ⅳ.①F713.80

中国版本图书馆CIP数据核字(2018)第058403号

《广告创意》通过论述广告创意的战略与流程，清晰揭示了广告创意实践的操作规律。为便于读者熟悉广告相关实务，本书除了对广告创意领域进行探索，还力图站在现代广告运动发展的学术理论前沿，在全面梳理世界广告创意发展脉络的基础上，总结广告创意理论和实务相结合的规律及特点，对于拓宽读者的学术视野，领会和洞悉广告的本质特征，深入理解广告活动具有重要的参考价值。本书各章节之间承继贯通、循序渐进，既立足于专业教学的理论探讨，又兼顾业界运作的案例分析与经验总结；既可作为高校广告学、创意产业和艺术设计专业的学习教材，亦可作为广告、艺术设计等领域从业人员的知识读本。

丛书主编：高 彬 薛 菁
编 委：（按姓氏笔画排序）
于向荣 毛士儒 王喜艳 甘维轶 朱象清 李 静
李晨宇 李东禧 吴 佳 张 雯 庞 博 胡春瀛
钟 怡 郭 晶 唐 颖 窦仁安

责任编辑：吴 佳 朱象清 毛士儒 李东禧
责任校对：姜小莲

高等院校广告专业规划教材
广告创意
张 雯 编著
*
中国建筑工业出版社出版、发行（北京海淀三里河路9号）
各地新华书店、建筑书店经销
北京锋尚制版有限公司制版
北京缤索印刷有限公司印刷
*
开本：787×1092毫米 1/16 印张：8¼ 字数：201千字
2018年5月第一版 2018年5月第一次印刷
定价：39.00元
ISBN 978 - 7 - 112 - 22008 - 3
（31774）

　　自20世纪70年代末到90年代初，国际广告公司的成员们纷纷进入华人世界，从中国台湾、中国香港一直来到内地。至1998年，几乎所有的著名跨国公司都在中国设有了合资公司。与此同时，广告学科的建制也逐渐步入正轨，形成以新闻传播和市场营销为核心的专业体系，并源源不断地为广告、公关、营销、品牌、媒介等部门培养新生力量。

　　近三十年来，社会需求、竞争压力及以互联网和移动互联网为代表的技术革新导致了媒体形态的巨大改变，而它们所产生的合力在为整个广告行业带来机遇的同时，也带来了巨大的挑战。事实上，技术的进步促成了营销传播策略的丰富，却也在客观上带来了市场环境的嘈杂和传播效果的日渐式微，这使包括广告在内的从业人员在策划、创意及表现等各方面都面临日益增加的难度。

　　在这样的营销传播生态环境下，天津工业大学和北京工业大学的诸位老师联手编写了这套高等院校广告专业规划教材，正是希望从理论和实践两个方面为这个极速更新的时代提供更为及时的补充。这套教材由《广告学概论》、《广告策划》、《广告创意》、《广告媒介》、《平面广告设计》、《影视广告创意与制作》和《互联网广告设计与制作》七本教材构成。其中，《广告学概论》通过对广告学框架的搭建以实现对相关知识的梳理；《广告策划》、《广告创意》和《广告媒介》既是广告活动的三大基本环节，也对应着专业广告公司的三大职能部门，故对它们的详尽描述将构成广告学知识的重要内容；除此之外，《平面广告设计》、《影视广告创意与制作》和《互联网广告设计与制作》将针对不同的媒介类型，就广告技术和实际操作加以关注，从而介绍和推演最新的流行趋势。

　　广告学是一个开放的系统，不仅枝蔓繁杂，也堪称速生速朽，而这套丛书正是在大量参考、分析和研究前人经典教材的基础上，吸收和总结了诞生于当代的崭新内容，可以说，理论和固定范本依然保留，更多的努力却体现在与时俱进，尤其是实务操作与市场形势的密切结合上。

　　在波谲云诡的市场环境下，面对一日千里的互联网时代，尽可能地满足教学和实践的双重需要，在为在校学生提供专业指导的同时，也为有学习需要的从业人员提供理论更新，就这个角度而言，丛书的各位作者可谓殚精竭虑，用心良苦，而对于一个入行三十余年，在中国内地工作二十余年，曾经和正在亲历这些变化的广告人来说，我也将守望相助，乐见其成。

灵智精实广告公司首席创意官

2018年1月

前 言
Foreword

广告创意，一定是要求独特的。作为这本《广告创意》的作者，如果一定需要回答——这本教材，在茫茫书海，尤其是同为"广告创意"之名的茫茫书海中，它的独特之处在哪里？那么，我想强调的是，这本教材的创意体验，很大部分源自我作为大学广告学专业教师辅导学生和在广告公司兼任创意总监之职时所经历的作品。这些作品，有些已被广告主投放市场和媒体，有些获得了全国大赛金奖，也有一些仅仅获得了大赛入围或者提名的机会，甚至有的作品在经历了漫长、艰辛的创作之后，最终石沉大海。但是，它们留下的创作体会和经验，甚至创作教训，都为这本教材赋予了无比真实的作战阵地和战术演习的意义。我将这些小心翼翼而又充满敬意地进行了整理，犹如将多年散落在民间的珍珠串成项链一般，期望它能成就更完善的价值，能为之后源源不断的广告学领域的广告人提供一个观瞻和思索的角度。

广告创意，是一个不断更新和颠覆的充满活力的领域，本书尽量引用了广告创意前沿的研究和创作成果，但也用了相当的章节详尽介绍了经典的案例和理论，在当今的语境下，它们也许不再喧嚣、荣耀，而是在历史的长河中沉淀下来，沉默地闪光。之所以展现这些理论与案例，并非倡导创意返回传统方式，而是认为在经典和传统文化的滋养下，才能更前沿、更创新地存在于当下，我始终认为，任何创意，从来不是灵光乍闪、一蹴而就的，即使它是以"顿悟"的形式产生，也是来自日积月累、自然而发的一种深度的思想。

在第1章和第2章，涉及广告创意在当下的转型问题，这源于我在众多的资料中，格外关注了一些学者关于广告学在当代文化语境下重构的观点。他们独特地探索了传统广告必然的发展方向，显示了他们的高瞻远瞩，认为广告学不仅是繁荣当下而且本身也是一种可持续的学科，我怀着"英雄所见略同"的欣喜和感谢，借鉴他们的观点探讨了广告创意在当代的转型和趋势，其中当然也反映着我的观点和看法，至于是否全面和深刻，将留给更为高明的读者。

第3章与第4章，是关于广告创意思维与实施的具体流程，既有理论形式的阐述，也有实践步骤的演示。虽然仅仅依赖理论的"形而上"并不能直接形成具体的创意，但是，不可否认，这些理论都是经历实践摸索后达成共识而形成的相对稳定的规律总结，它是创意行为不可绕过的学习内容。

第5至第7章，是对平面广告创意、影视广告创意、广播广告创意的分别论述，虽然作为主要的三大广告形式，平面、影视和广播广告在构成要素、文案创作、主题拟订等方面有着相同的规则或者步骤，但是，不同门类的广告创意规律还是有所不同的，因此，在这里另辟章节，分门别类地进行了编写。

本书的第8章，是我整理了近年亲自辅导的学生参赛资料，并根据作品创意进行的创意方法的分析。这些创作者，有的是广告学专业本科学生，也有来自其他专业、怀着对广告创意的深深热爱、辅修了广告学课程的学生，竟然也获得了斐然的成果，这些，足以证明广告创意的深远和广泛的影响。之所以真实地呈现他们的劳作成果，是想分享这样的一种启示：创意本身是开放的、多元的、跨界的，创意不能以广告学科的精英性、纯粹性来禁锢自身思维，任何对于广告创意有兴趣者和有潜力者，只要掌握规律、广泛涉猎和深度思索，都会品尝到广告创意的甘甜果实和快乐收获。

当然，这有限的章节，对于广告创意这般广袤而深奥的领域，只是冰山一角，远未及系统详尽之标准。期望在这冰山一角能触及广告创意内容的关键点，以点带面、以小见大地灵活展开，从而探索些许广告创意之中绵绵无穷的内在规律。

目 录
Contents

第1章

广告创意概述

1.1　创意

静态的创意，是创意的名词性应用，指的是创造性的主意、想法或巧妙的构思，它是创意者创造性思维运动的结果。动态的创意，是创意的动词性应用，即创造性的想法、主意从无到有的动态产生过程，它是创意者创造性思维的运动历程。

1.2　广告创意

创意应用于广告活动之中就是广告创意。广告创意，简单来说，就是通过大胆新奇的手法来制造与众不同的视听效果，最大限度地吸引消费者，从而达到品牌传播与产品营销的目的。在广告活动中，广告创意者对有效的广告信息传达方式进行创造性思考，并且通过广告创意表现去阐释品牌的传播策略，这种专业的进行创意的过程被称为广告创意活动。广告创意是现代广告营销传播运作的关键环节，广告创意者在广告活动中的创造性思维，即战略、形象、战术、媒体选择等方面要做到创新，促使广告活动新颖、独特；也可以理解为通过大胆、新奇的手法来创新广告活动，使其具有与众不同的视听效果，最大限度地吸引消费者，从而达到产品传播和产品营销的目的。

1.3　广告创意的内涵

可以从以下三个方面来理解广告创意的内涵：

1.3.1　广告创意本质上是一种创造性思维活动

广告创意活动使广告受到更多关注，广告创意的关键就是一个"创"字。广告能否完成告知和劝服的责任，就看广告的创造性了。精彩的广告创意让诉求信息更加形象、生动，更有说服力。

1.3.2　广告创意的基础是科学的市场调查研究

广告创意必须符合产品的整体营销目的。广告活动是一种包括调查、策划、创意、表现、发布及效果测定等诸多环节的动态的运作过程。广告活动，从整体上说是科学的，在广告活动的规划过程中要解决是对或错的问题，而广告创意则更多的是艺术性，要让受众喜欢某个产品。所以广告活动的基础是策划，广告表现的核心是创意；策划是明确的方向，创意是动力加速。

1.3.3　广告创意的总体思路是具象而艺术化地表现抽象的产品概念

具体来说，广告创意就是以市场调查分析为基础，以实现广告客户的广告目标为基本指向，通过创造性思维将抽象的产品诉求具象化和艺术化的创造性思维活动过程，也可指具有独创意义的广告主意、想法或构思。

1.4　广告创意的特点

广告创意是整个广告的灵魂。广告创意的特征至少包括六个方面：独创性、真实性、思想性、艺术性、科学性、限制性。

1.4.1 独特性

广告创意实现的广告活动必须要体现出独特性。广告创意的独特性是指广告创意的标新立异，与众不同，具有鲜明的魅力，能够触发广告接受者强烈的兴趣，从广告作品推出情况来看，广告形式是吸引观众关注的重点，广告内容是打动人心的关键。要想使广告创意达到更高的境界，就要在进行广告创意的过程中打破墨守成规、因循守旧的模式，凸显其中的独创性。如图1-1所示，广告创意的独特性不仅体现为它给观众在情感、感官、视觉、记忆等方面带来一定的冲击感，展现出广告作品的波澜起伏、广告主题的新颖独特，使其从纷乱繁杂的各种广告中脱颖而出，抓住观看者的眼球，使其留下深刻印象，产生品牌信赖感和购买欲望，而且独特性的广告内容可更深入有序地给观者以独到的认知和感受，产生耐人寻味、意犹未尽的美感。广告内容可以引发消费者的亲情、友情、爱情、怀旧情感等，使其在观看广告的同时，可以回忆起某段难以忘怀的情感或特别珍视的情感，这就可以使广告与消费者产生共鸣。出色的广告创意往往把"以情动人"作为追求的目标，因为人最美好的感觉就是感动，正所谓"感人心者，莫过于情"。在新颖的、独特的广告作品中渗入情感，会让广告创意的形式更加自然顺畅，使得广告内容的情感更显真挚。既具有独特醒目的广告形式，又具有耐人寻味的广告内容，内外均达到新颖独特的广告创意，才能引发消费者的心理共鸣，使其对产品产生良好的印象。

1.4.2 真实性

虽然广告创意要体现出独创性，以新奇和具有冲击力的形式、内容体现其主要特征，但是独创性必须建立在真实性的基础上。广告创意的真实性在《广告法》中居于核心性的地位，真实性是广告创意所要展现的最核心的特征，这和它的独创性其实是一致的，广告创意的独创性并非信口乱说，而是要遵循信息传播的真实性。广告创意必须符合以下要求：广告宣传的内容要真实，即信息真实。广告宣传的商品或服务应当与实际销售的商品或提供的服务相一致，也就是必须实事求是。广告中，对商品的性能、产地、用

图1-1　创意的独创性

途、质量、价格、生产者、有效期限、允诺或者对服务的内容、形式、质量、价格、允诺，应当表示得清楚明白。广告中表明推销商品、提供服务附带赠送礼品的，应当标明赠送的品种和数量。广告中所使用的数据、统计资料、调查结果、文摘、引用语，应当真实准确，并标明出处。广告创意只有做到具备真实性才能够获得信任，才能使其独特性和吸引力、冲击力得以实现。

1.4.3 思想性

广告创意在体现真实性的基础上，还要体现思想性，思想性是广告的灵魂。多门现代学科知识、信息技术的运用，使广告的效率大大提高。广告在传递信息的同时，要注意发挥其教育功能，要注意激发，鼓舞人们的正直、健康、向上的精神，使人们形成正确的价值观、审美观、幸福观，以造就良好的社会风尚和美好合理的生活方式。如图1-2所示将衣服延伸成广阔深邃的沙地，引发人们对无限延伸视觉的探寻。消费者对广告的审美以及对品牌的全新认识，都关系着广告设计的与时俱进。设计创新在设计行业是一个热门话题，真正堪称具有创新性的设计应是恰如其分、完美无缺地实现创作意图，体现时代赋予的设计文化和民族风格，包含企业本质和产品特色，让人为之折服，并能在瞬间引起消费者的共鸣。因此，富有创意的广告设计所包含的功能，在竞争激烈的市场上起到了不可低估的作用。

1.4.4 艺术性

广告创意的艺术性是指艺术表现手法与技巧在广告中的具体运用，广告是一门艺术，广告创意可以采取各式各样的艺术手段和艺术方法，形象而生动地表现产品的内容，给人以和谐优美的感受。广告要具有很强的视觉冲击力，要能在第一时间内吸引住受众，要能够使受众一目了然，以强烈鲜明的色彩

图1-2 创意的思想性

为手法，突出、醒目地表达所要宣传的事物，表现物与物之间的内在联系，赋予画面更丰富的含义并使人们在有限的画面中联想到文化内涵，感受到新的意义，视觉冲击力强，构图概括集中，形象简练。好的广告要做到既让人"一目了然"，还让人"一见倾心"，为它所吸引，顾盼之余，留下较深的印象。图1-3中电脑的形象经过艺术性设计，视觉冲击力瞬间强化。这就要求广告创意具有精湛的构思。在有限的时空条件下，艺术性的广告创意表现手法清晰、简练，结构得当，使人过目难忘、回味无穷，以少胜多，以一当十，能够清晰地、自然地呈现在消费者面前，纯粹地打动消费者。

1.4.5 科学性

广告创意的科学性是和艺术性相对应的一种特性，广告在信息传播技术和表现形式上都应该是科学性和艺术性的完美结合。广告创意作品不仅具有艺术性美感，给人带来审美的愉悦，而且，广告还承载着商业营销和信息传播的效率要求，对于广告创意而言，创造不是天马行空地胡乱构思，创造出前人没有的东西，创造离不开科学的指导，广告

图1-3 创意的艺术性

创意应建立在深入调查、研究的基础上。其科学性集中体现为对消费者需求的深入研究和对竞争对手的了解，在研究市场潜力、实行价格定位等方面，做到有的放矢、弹无虚发。现代产品导向已经向消费者需求导向转变，广告创意更不能不考虑目标消费群体的接受能力、承受能力以及理解能力，因此，广告创意应该在市场营销学、广播学、广告心理学、社会学、公共关系学等学科的基础上进行，这样，广告创意作品就不会离题千里或者万里了。对于经过创意思维创作出来的广告作品的方案，还应该应用一些科学的方法进行测试，如调研注目率、识别率、好感率等数据，更清晰和有针对性地实现广告的实效。

1.4.6 限制性

广告创意任何特征的体现，最终都要遵循广告创意规范的制约，广告创意一方面要求最大化的独特创造，另一方面也要考虑和面对广告主、观众、广告法规、技术手法、传播媒介等各种因素，尽量合理化地吻合和满足广告接受者、市场环境的各种需求。

1.5　广告创意的发展趋势

在互联网普及的影响下，各个行业都在悄然地进行着深化转型，移动互联网已经以不可阻挡的态势完全改变了人们的生活方式，信息传播方式已经突破简单传媒形式的限制，进入了一个数字化的时代，数字技术已经是一个不容忽略的大趋势，数字化的出现能够将创意的影响力最大化。

数字技术催生了网络互动媒体，普通消费者都拥有了内容制作能力，因此形成很多内容传播社群，有价值的内容经由社群进行传播。在全民自媒体的时代，人人都可以成为发言人。免费的网络传播社区为广告传播提供了更多的可能，而这种数字化平台最突出的特点就在于互动性，在品牌塑造和广告传播的过程中，离不开受众的积极参与。消费者群体也越来越依赖数字化传播的方式和平台。传统广告的发布多见于电视、平面、广播等，都属于单向式传播，且皆需要付费，它适用于传统的大众传播环境，主要就是由企业单方面地传递广告信息，而在当今网络时代的购买环境之下，在消费者行为的过程中，突出了"搜索"与"分享"两个重要环节，在新形势的压迫下，广告创意的表达形式也必然要进行改变。在当今的环境下，广告创意呈现出以下的发展趋势。

1.5.1 关注消费者成为广告创意的核心

新媒体的时代，消费者已经完全占据了主导地位，媒体已经不能够决定人们看到的东西。所以，首先要考虑如何吸引人的注意力，如何在吸引注意力之后讲好一个故事，为消费者服务，让他们成为忠实顾客。不要只停留在博得消费者注意力的层面，如只是推送一些搞笑的视频之类的，这样的方式很容易被替代，应当明确自己的故事和品牌核心。正如红牛，他们不只是专注于做好饮料，还倾心打造自己的平台。他们在平台上不断传递"你看到这些信息，就会感到能量"这样的信息。因此他们总是比较多地报道极限运动，如登山、滑板等，通过感受它的品牌故事，联想到它的产品特性，让消费者在广告中爱上它的理念并且产生购买冲动。

广告的制作前提一定是为消费者着想，根据消费者的喜好、需求和习惯进行设计。单纯地狂轰滥炸地传输广告内容，反而会引起消费者的无感，甚至反感。在数字时代，与消费者建立关系的成本被技术无限拉低，但是维护好和消费者之间的关系却异常困难。消费者注意力的分流未必在于品牌之间的竞争，而是在这个信息流泛滥的世界，必须提供给消费者利益价值，他们才会积极地靠近并给你反馈。全方位地寻找消费者与广告的接触点，然后渗入消费者的内心是广告制作的新挑战。

例如在优衣库推出的"码上优衣库"的创意案例中，优衣库抓住消费者抬头的黄金时间，用全面到位的形式体现了服务的诚意。通过门市产品海报上印的二维码，消费者可以自主进行查询，了解更多的产品信息，如面料、功能、穿搭、库存、颜色和尺码等，

通过这个简单的操作，消费者可以查到所在地周围一两公里内有哪些店，哪家店里有自己需要的颜色、尺码。如果这个型号在所逛的店里断货了，消费者还可以通过手机看看其他分店或者天猫店内是否有货并立刻下单。可能一张海报并不能满足你的需求，但在线数字平台可以轻松延伸顾客对于产品、品牌和服务的需求和体验。

1.5.2 广告与消费者时刻互动

媒体的多元化和消费者生活方式的变化，促使当下的广告创意随之迅速发展和变化。传统的广告形式多属于单方劝服，广告主将产品诉求告知消费者，而消费者却难以切身感受到产品本身的优势。所以，现在广告创意的目的不应该只停留在吸引消费者的层面。如何让消费者在知道的基础上，真正参与到广告中，主动体验产品，在完成体验之后，直接购买甚至乐于分享，第一步是完成吸引这件事。现在，因为广告信息琳琅满目，所以消费者尤其容易跳过广告，怎么样才能让消费者舍不得跳过广告呢？还是离不开创意这件事。当下的广告诉求，不论是产品本身的诉求，还是产品所引发的情感共鸣，达到使消费者主动参与、主动体验、主动分享的状态，即是一个衡量广告创意的新标准。

飘柔曾在移动端打造了一场"真爱时刻大比拼"活动，呼吁人们在约会时别被手机打扰，让约会时光变得更甜蜜。通过"飘柔Rejoice"微信公众号与用户沟通，飘柔定制Html5互动网站，情侣互相绑定手机后，点击"开始"计时后平放手机即可累计"真爱时间"，只要手机一动，计时就会停止，并且可利用多种移动端技术，实现互动游戏的数据传输及累计。最后，通过"飘柔Rejoice"公众号的个人中心，查看两人累积的时间，当两人的真爱时刻累积到一定时间，即可参加抽奖活动。同时，也可与好友进行比拼，或将活动分享到朋友圈，邀请更多人参与。通

过有趣的小游戏，既可吸引用户参与，又可增进彼此感情。就像"飘柔"发起的互动，想要赢得高关注度，就要考虑用户想要什么，什么能激起用户的兴趣，以此带动用户对品牌的关注，而不是仅仅用微弱的利益诱惑消费者转发。

2015年3月，匡威发布了全球最新口号"Made by you"，并且号召全球的消费者对面世已久的经典运动鞋进行独特的改造。为此，匡威团队大胆地对实体店进行改造，设计出了可以与消费者进行手机互动的"Made by you"应用，消费者只要通过手机扫码进入相关的系统，上传心仪的匡威帆布鞋图片，就能在大屏幕上看到鞋子的涂鸦、上色等全部的制作过程，收集到的点赞数最多的鞋款，还可能被匡威公司实际生产出来。匡威为消费者搭建了一个参与的平台，在鞋款的生产过程中，有了消费者的参与，不仅可以真正了解消费者的喜好，更为消费者打开了一个轻松接受广告诉求的窗口。这样的广告一旦完成几乎都是有效的。

"边看边买"模式的推出，也是广告与消费者时刻互动的良好方式。2014年优土和阿里宣布共同试水视频电商，提出"边看边买"的T2O模式（即TV to Online），是指观众在收看节目的时候，通过扫描屏幕上的二维码或者其他相关的符号，购买节目中提到的商品。这项技术将电视和在线购物无缝连接，缘于2015年各地方卫视在春节联欢晚会上推出的"抢红包"活动，互动环节的成功直接将广告引向了另一个层面——除了简单的展示，更直接转化为了销售。自此，很多品牌开始了大胆的试水。2015年东方卫视相继通过真人秀《女神的新衣》和热播剧《何以笙箫默》大胆尝试"边看边买"，一时间引导了新的购买方式。

边看边买的购买过程发生在消费者有了良好的体验之后、产生冲动的当时。这种模式打破了传统的单向式广告的内容输导方式，能够简化目标消费者的搜索过程。由于T2O边看边买形式并不影响观众的观赏体验，因此，消费者通过手机与节目互动，在观看过程中，可以获得更多的参与感和快感，不仅不构成打扰，甚至能够有效地调动目标消费者的情感，刺激消费。当然，目前T2O的模式还没有得到大规模的普及，仍旧处于培养用户习惯的阶段，市场试水成功之后，还是要在"内容"、"形式"和"渠道"上多花心思，毕竟只有制造和传播高精尖的内容才能吸引用户、粘住用户甚至占领用户的心智。

在国内近期流行的旅行类真人秀节目中，明星组团到国外旅行，容易被引导成为潜在顾客，而不会招致消费者的反感。优质女性养成平台"Queen主义"微信公众号，经常在良心制作的推文上推荐产品，很多推文甚至在读完后都了无广告痕迹。像"余点"这样的平台，创立者都真切地将读者作为自己的朋友，其生产的广告内容怎会遭人拒绝？更有时下最火的辩论类节目《奇葩说》，主持人以诙谐、幽默、夸张的方式，使广告介绍成了节目中必不可少的部分，很多观众甚至表示，听不到马东讲广告会觉得节目少了很多看点。诸如此类的广告，皆因把消费者放在了一个智者的位置，真心赢得了消费者的青睐。

1.5.3 线上与线下的广告形式多元化并存

随着媒介的多元化，广告创意不再局限于平面广告、电视广告，而是以品牌为中心，结合线上广告、线下促销、公关等开展全方位的商业活动。

我们来探讨一下格劳宾登旅游创意广告牌的启示：格劳宾登是一个度假旅行的好去处，他们将旅游互动广告置于瑞士苏黎世中央车站。广告牌中的老大爷不断地以视频直播的方式，同车站里来往的行人打招呼和互动，并且向他们发出旅行的邀约，鼓励一场"说走就走的旅行"，如果对方欣然接受老大爷的邀请，广告牌就可以直接打印出票。

通过直播互动的形式，这个创意广告所传递的商业信息体现出了一定的人文关怀——"直奔山间村落，逃离城市的压力"，而且使传统的广告牌一下子就鲜活起来了，这样的互动形式令参与者放松开怀。这个创意广告牌通过科技的力量，加上绝妙的创意，给参与的人带来了惊喜，同时也汇聚了有效客流，促成了即时消费，不可谓不棒。线上和线下的完美结合，技术与创意的完美融合，使广告创意拥有了很多新玩法。

在可口可乐线下餐厅的广告创意中，也可以看到线上和线下多元并存的趋势。除了电视广告和线上广告以外，可口可乐为了和消费者建立密切的联系，甚至在线下开启了餐厅——可乐之家，将这里打造成了社交之家和新产品试验地。2016年，可口可乐刚刚换了新的slogan，指出随着人们对于健康的注重，美国人民正在渐渐抛弃含糖的碳酸饮料和饮品。因此，像可口可乐这样的品牌正在努力尝试新的方法，提升品牌形象，吸引消费者的目光。可口可乐这次想要尝试不直接推销自己的产品，但却潜移默化地为所有产品完成营销工作。可见，可口可乐并不是以即时销售为目的，而是要给消费者创造体验的机会和互动的空间，这样的品牌势必能赢得消费者的长期青睐。

在当今的社会环境中，对于网络消费者，离开网络几乎就丧失了广告参与的动力。所以，离线技术的运用特别重要，如百度地图就推出了离线地图。我们的广告创意也应该顾及离线参与式广告，让消费者在任何时刻都难以拒绝参与广告。

总之，在新媒体环境下，新的广告创意的完成并不是一蹴而就地完成销售，而是与消费者建立长期的互动。广告创意追根究底还是一场研究与人友好相处的运动，而科学与文明的进步是这项运动的促成者。广告创意的发展趋势是让消费者感受到它的价值，从而弱化广告在消费者心目中根深蒂固的刻板印象。

1.6 思考题

（1）什么是创意？
（2）什么是广告创意？
（3）广告创意的特征是什么？
（4）广告创意的发展趋势是什么？

第2章

广告创意经典理论

20世纪是一个广告大师辈出的时代，蓬勃发展的市场经济与日趋激烈的企业竞争，给广告人以充分展示才能的机会。自20世纪初广告学成为一门独立的学科开始，广告学者与广告从业者就不断地探索创意的方式方法，并试图将之提升为具有指导实践作用的理论。20世纪中后期，在市场营销观念逐步形成、传播学渐趋成熟的背景下，广告传播理论有了进一步的发展。影响深远的四大广告创意理论——USP理论、品牌形象理论、定位理论、ROI理论，均在这一时期产生。在广告史上，20世纪中后期出现的USP理论、品牌形象理论、ROI理论、定位理论并称为四大广告创意理论，这些由广告大师在多年的创作实践中总结出来的创意理论借他们的经典广告作品被生动地阐释与流传。四大创意理论自创建后就被奉为广告传播乃至营销领域的经典理论，拥有各自的追随者，其影响力一直延续至今。经过不断的完善，这些理论至今仍对创意实践领域具有重大的影响。

2.1 四大经典广告创意理论的产生背景

麦迪逊大道（Madison Avenue），是美国纽约的一条大街。美国一些大型的广告公司的总部设在或者曾经设在那里，这些公司的分支机构遍布全世界，在这条大道工作的广告人曾多达3万左右。因而，麦迪逊大道便成了广告业的象征（图2-1、图2-2）。麦迪逊大道，就意味着"广告"。麦迪逊大道成就了美国现代广告史上的一些泰斗级人物，诸如科学派的鼻祖霍普金斯，USP理论的创始人罗瑟·里夫斯，品牌形象理论的倡导者大卫·奥格威，艺术派的旗帜威廉·伯恩巴克，智威

图2-1　美国麦迪逊大道

图2-2 关于麦迪逊大道的著作

汤逊广告公司的创意柱石J·韦伯·扬等，都曾经在麦迪逊大道历练过。麦迪逊大道向全世界传播广告智慧。现代广告史上划时代的理论、创意模式，如USP（独特的销售主张）理论、BI（品牌形象）理论、Positioning（定位）理论、BC（品牌性格）理论、ROI创意模式等，都源自麦迪逊大道。

四大经典广告理论的提出者和完善者是这一时代的广告人中的佼佼者。他们都是终身从事广告工作的创者，拥有丰富的广告从业经历。其中三人还创立了属于自己的广告公司——大卫·奥格威创立了奥美广告公司，威廉·伯恩巴克是DDB广告公司的创始人之一，罗瑟·瑞夫斯虽未成立自己的公司，但也曾担任达彼思广告公司董事长。他们提出的创意理论均来自于自身丰富的阅历以及丰厚的实践经验。更为重要的是，这些创意理论并没有局限于对创意技巧的总结，而是从营销、传播及消费心理的高度阐释了他们对创意本质的理解。这些理论方法对创意本质的把握与对创意精髓的提炼，一方面使得在很多广告创作人员看来虚无缥缈、无从把握的创意环节变得有迹可循，另一方面也提升了广告创意环节的理论高度，因而极受业界推崇。

2.2 USP理论

USP理论由罗瑟·里夫斯（Rosser Reeves）于20世纪50年代提出。作为广告科学派的代表人物，罗瑟·里夫斯主张广告创意要注重"实效"。他认为广告的中心任务就是从产品中寻找到一个独特之处，继而用简单直接的方式在广告中表达这一主题，并反复地将这一信息传递给受众。由于该理论提出的时候，营销观念还处于由"推销观念"向"市场观念"过渡的时期，因此，在USP理论中，推销的痕迹较为明显，广告创意注重产品本身，较少考虑传播对象，因此也有人将这一理论称为创意理论中的"推销派"。1961年里夫斯在他著述的《实效的广告》（Reality in Advertising）一书中，系统地阐述了USP理论，USP的英文全称是Unique Selling Proposition，译为独特的销售主张。这一理论被系统阐述后一直影响深远。里夫斯提出，一个成功的USP必须具备的三个条件，也就是USP理论的三个要点：

（1）明确的概念。每一则广告必须向消费者说出一个主张，必须让消费者明白，购买广告中的产品可以获得什么具体的利益。

（2）独特的主张。所强调的主张必须是竞争对手做不到或无法提供的，必须说出其独特之处，在品牌和说辞方面是独一无二的。也即是说，这个主张必须是品牌的专有特点或是在特定的广告领域中没有提出过的说辞。

（3）实效的销售。所强调的主张必须是

强而有力的，并且必须聚焦在一个点上，集中打动、感动和吸引消费者购买相应的产品。

USP理论的基本前提是：消费者都是理性人，其消费建立在理性诉求之上。这种理论注重产品本身，以产品及传播者为中心，而很少考虑到传播对象。所谓的独特主张可以来自两个方面：一是本商品确实比同类商品具有某项优越的功能；二是商品的某一功能是消费者特别关注的，虽然大多数同类商品也都拥有这一功能，但是都忽视了对它的诉求，如果某一企业在广告中最先诉求这一功能，消费者便会认为该功能为该企业的产品独有。

2.2.1 USP理论运用经典案例

里夫斯为美国玛氏公司的M&M巧克力豆（图2-3）创作的广告："只溶在口，不溶在手"，一语道出了产品的独特之处。在当今的巧克力糖果市场上，M&M巧克力豆仍深受欢迎，其广告词"只溶在口，不溶在手"也一直被传袭沿用。此后，总督香烟推出的"有两万颗细小的过滤凝气瓣，比其他品牌多两

倍"的广告语，也正是沿用了USP理论的经典核心。

国内企业盖天力药业有限公司生产的用于治疗和减轻普通感冒及流行性感冒引起的发热、头痛、四肢酸痛、喷嚏、流鼻涕、鼻塞、咳嗽等的药品"白加黑"，其广告语"白天吃白片，不瞌睡；晚上吃黑片，睡得香"，也是对于USP理论的成功运用（图2-4）。

以"安全"第一著称全球的沃尔沃汽车，在国际市场推广中，以其这一主打的传播诉求点，赢得了巨大的国际市场份额。图2-5所示这则沃尔沃汽车广告运用了双层核桃的形象，使人产生坚不可摧的联想，完美地表现了其无与伦比的安全性能。

农夫果园为混合产品，三种水果混合且浓度为30%，沉淀是无法回避的问题，其他厂家都无一例外地在瓶体下端标注"若有少量沉淀，为天然果肉成分"，让人意象不到的是农夫果园用了最实在的话把这一问题轻松、直白地传递给了消费者——"喝前摇一摇"（图2-6），正是这一朴实的诉求点，把农夫果园的差异性表现得淋漓尽致，果汁的浓度和

图2-3 美国玛氏公司的M&M巧克力豆广告

图2-5 沃尔沃汽车"双层核桃"广告——汽车的安全性

图2-4 盖天力药业有限公司生产的白加黑产品和其广告语

图2-6　农夫果园系列广告

图2-7　潘婷广告

图2-8　舒肤佳广告

混合的特点成为最好的卖点。

　　USP理论在广告界备受推崇。乐百氏矿泉水提出的"27层净化"、农夫山泉矿泉水提出的"农夫山泉有点甜"都是对于USP理论的经典运用。宝洁公司更是深入和全面地对USP理论进行了延伸：海飞丝的诉求点是"去头屑"；飘柔说的是："洗发、护发二合一，令头发飘逸柔顺"；潘婷（图2-7）的特点是"含维他命原B5，兼含护发素，令头发健康，加倍亮泽"；洗发水润妍："黑发，专为中国女性设计"；舒肤佳（图2-8）诉求的是"洁肤且杀菌"，并通过显微镜对比，说明唯有它取得了中华医学会的认可。

2.3　品牌形象理论

　　20世纪60年代中后期，随着科学技术的进步，任何一种产品畅销都会吸引其他企业蜂拥而至，产品之间的差异变得越来越难以区分。这时，广告寻求"独具的销售说辞"变得越来越困难，且无实际意义。广告大师大卫·奥格威在《一个广告人的自白》这本书中写道："品牌和品牌的相似点越多，选择品牌的理智考虑就越少；各种品牌的威士忌、香烟或者啤酒之间并没有什么了不起的差别，大体上都差不多；糕点配料、洗涤剂和人造黄油的情形也无不如此。"也是在这本《一个广告人的自白》中，大卫·奥格威提出了BI理论，BI理论的全称是Brand Image，译为品牌形象理论，这一理论的主要内容和基本观点如下：

　　（1）广告最主要的目标是为塑造品牌服务。为塑造品牌服务是广告最主要的目标，广告就是要力图使品牌具有并且维持一个高知名度的品牌形象。

（2）任何一个广告都是对品牌的长期投资，广告应该尽力去维护一个好的品牌形象，而不应牺牲一切，追求短期效益的诉求重点。

（3）随着同类产品的差异性日渐减小，品牌之间的同质性增大，消费者选择品牌时所运用的理性就越少，消费者往往会根据对品牌的好恶来选择购买，因此，描绘品牌的形象要比宣传产品的具体功能特性更加重要。

（4）消费者购买时所追求的是"实质利益＋心理利益"。因此，广告尤其重视运用形象来满足消费者的心理要求。

大卫·奥格威的品牌形象理论对广告业产生了巨大影响。对某些消费群来说，广告尤其应该重视运用形象来满足其心理需求。广告的作用就是赋予品牌不同的联想，正是这些联想给了它们不同的个性。当运用USP理论从产品内部找产品诉求点困难时，BI理论试图从产品外部说明产品。

2.3.1　品牌形象理论运用经典案例

大卫·奥格威为哈撒韦衬衫创作的广告《戴眼罩的穿哈撒韦衬衫的男人》（图2-9），选用俄国贵族乔治·蓝吉尔男爵作模特儿，这位戴黑眼罩的仪表非凡的男人穿着哈撒韦衬衫给人留下了惊人的印象。模特儿高贵的身份和潇洒的神态表现出了哈撒韦的高级品位。他身后的背景是一间豪华的制衣车间，这就巧妙地暗示出了"哈撒韦"衬衫的制作精良，非同一般。这个以戴黑眼罩、穿哈撒韦而定位的广告形象由此风靡美国，成为高贵气派、风度非凡的象征。在广告刊出的第一年，哈撒韦的销售量就增加了3倍之多，创作这一广告的奥美广告公司也由此扬名世界。

李奥·贝纳广告公司为万宝路创作的广告，使其品牌形象彻底改头换面。万宝路于1924年由美国菲利普—莫里斯公司生产，产品开始是专供女士的，广告语是"像五月的天气一样柔和"，但是一直业绩不佳，20世纪40年代初，这一品牌停产。李奥·贝纳在没有换配方的情况下，以粗犷、剽悍、豪爽的牛仔形象，赋予其硬汉的气质，显示真正的男子汉气概，展示出了充满野性、豪放不羁、自由洒脱的万宝路世界（图2-10）。目前，万宝路占美国香烟总销量的1/4，年销售量超过3000亿支，盈利超过30亿。

英国最大的私营企业"维珍"是一个由350家公司构成的商业帝国，从唱片到航空、铁路、电信、大卖场、婚纱、影院、金融服务、可乐……维珍提供的产品和服务基本上涵盖了人们生活的方方面面（图2-11）。在英国，维珍的品牌认知率达到了96%，其中有95%的人能正确地说出维珍的创办人就是布

图2-9　奥格威创作的广告《戴眼罩的穿哈撒韦衬衫的男人》

图2-10　万宝路广告

图2-11 维珍品牌及其创办人布兰森

兰森。作为企业领袖，布兰森的形象已经成为维珍品牌的象征——叛逆、创新、自由。

2.4 定位理论

进入20世纪70年代，随着竞争的加剧，产品同质化现象日益严重，媒体信息、广告信息越来越多，在这个媒体过度、传播过度、产品过度的时代，消费者真正可以接收到的信息却越来越少。产品本身很难找到具有持续竞争力的优点，品牌形象也开始被众多企业模仿。1969年，两位年轻的广告人：艾尔·里斯（Al Ries）和杰克·特劳特（Jack Trout）在美国《产业行销》杂志上发表了一篇名为"定位是人们在如今仿效市场上所玩的游戏"的文章，指出："广告创意的时代已经一去不复返，现在麦迪逊大街上流行的新把戏是定位。"文章刊载后，引起了全行业的轰动。定位成了营销界谈论的热门话题。1972年，里斯和特劳特在《广告时代》杂志发表"定位时代"一文，随后，两人围绕"定位理论"又发表了一系列阐释性文章，"定位"一词开始走进人们的视野。1980年，里斯和特劳特出版专著《定位：广告攻心战略》，成为广告定位理论的经典。

定位理论的主要内容和基本思想包括：

（1）广告的目标是使某一品牌或产品在消费者心目中获得一个据点，是要占据一个心理的位置，一个认定的区域位置，要在预期客户的头脑里给产品定位。定位本质上并不是要改变产品，产品的价格和包装事实上都丝毫未变，定位只是在顾客的心中占据一个有价值的位置，而且这个位置必须是别人还没有占有的。

（2）"第一说法、第一事件、第一位置"，因为只有创造第一，才能在消费者心中形成难以忘怀、不易混淆的优势效果。

（3）定位理论强调需要创造心理差异、个性差异，主张从传播对象（消费者）的角度出发，由外向内在传播对象心目中占据一个有利位置。广告表现出的差异性，并不是要指出产品的具体、特殊的功能利益，而是要显示出品牌之间的区别。

（4）这样的定位一旦建立，无论何时何地，只要消费者产生相关的需求，就会自动地首先想到广告中的这一品牌、这家公司或产品，达到"先入为主"的效果。

2.4.1 定位理论运用经典案例

随着时间的推移，定位的应用范围不断扩大：从最初在广告业中作为打动顾客的传播与沟通技术小试锋芒，到后来被引用到整个营销领域里大放异彩。

伯恩巴克领导的DDB公司为艾维斯出租车公司创作的广告就是定位理论的成功典范（图2-12）。汽车租赁行业中，赫兹（Hertz）公司位居第一，艾维斯（Avis）公司位列第二，市场份额差距61∶29。艾维斯（Avis）自1952年成立以来连续10年亏损达320万美元，伯恩巴克领导的DDB公司为艾维斯公司精心策划了坦然承认自己为第二的广告系列宣传文案，经过这项宣传，艾维斯（Avis）转亏为盈，盈利120万，市场份额变为49∶36；直逼第一。

定位理论不断地被延伸、拓展，在后人的总结中又有了更为精确的分类：

Avis is only No.2
in rent a cars.
So why go with us?

We try harder.
(When you're not the biggest,
you have to.)
We just can't afford dirty ash-
trays. Or half-empty gas tanks. Or
worn wipers. Or unwashed cars.
Or low tires. Or anything less than
seat-adjusters that adjust. Heaters that heat. Defrost-
ers that defrost.
Obviously, the thing we try hardest for is just to be
nice. To start you out right with a new car, like a lively,
super-torque Ford, and a pleasant smile. To know, say,
where you get a good pastrami sandwich in Duluth.
Why?
Because we can't afford to take you for granted.
Go with us next time.
The line at our counter is shorter.

艾维斯在出租车行业中仅排名第二。那么为什么还要和我们同行呢？答案是因为我们更努力……我们只是难以接受那么脏的烟灰缸、半空的汽油桶、破旧的雨刷、总是瘪瘪的轮胎，还有该调整却不能调整的座位调节器，该加热却不能加热的热气机，该除霜却不能除霜的除霜器。

图2-12 艾维斯（Avis）出租车公司广告文案

2.4.2 定位方法之"首席定位"

首席定位是追求成为行业或某一方面"第一"的市场定位。"第一"的位置是令人羡慕的，因为它说明这个品牌在领导着整个市场。品牌一旦占据领导地位，冠上"第一"的头衔，便会产生聚焦作用、光环作用、磁场作用和"核裂变"作用，具备了追随型品牌所没有的竞争优势。

美国的百威啤酒宣称是"全世界最大、最有名的美国啤酒"，即是运用了定位理论中的首席定位方法（图2-13）。

2.4.3 定位方法之"非定位"

美国七喜汽水广告堪称广告史上运用非定位的成功典范。其实在美国软饮料市场中，可乐三分天下有其二，剩下的市场为形形色色的饮料所瓜分。七喜为了能在可乐之后取得相对优势，为自己进行了巧妙的定位，这是一个非常简洁的策略：七喜，非可乐。直接地将饮料分为两大类：可乐型和非可乐型，要么喝可乐，要么喝非可乐，而明确表明自己非可乐的只有七喜（图2-14）。显然，七喜的定位策略中明显地使用了"是——不是"的判决模式。事实证明，七喜做得很成功。

另一个比较成功的是中粮旗下的非油炸型方便面，鉴于市场上油炸型方便面的不健康性，着手于非油炸型，同样带来了成功。五谷道场方便面（图2-15）在刚刚推出市场

图2-13 百威啤酒广告

图2-14 七喜广告

图2-15　五谷道场广告

的时候，运用了定位理论之"非定位"的方法，强调自己"非油炸"的健康品质。

2.4.4　定位方法之"比附定位"

比附定位的手法在广告创意中颇有"攀龙附凤"的意味，如中国的宁城老窖白酒借助茅台酒传统的优秀的口碑，推出了自己的"塞外茅台"的称号。宁城老窖在日本东京国际食品博览会上，与贵州茅台在同档次评比中双双获得金奖，宁城老窖产品的广告也随之抓住比附定位的最佳时机，有意在市场宣传中形成了"南有茅台，北有塞外茅台"的格局。林河酒在广告中强调自己为"中国的XO"，也是运用了同样的手法（图2-16）。

图2-16　宁城老窖图与林河酒广告的比附定位法

比附定位方法也大量运用在品牌塑造中，如美国克莱斯勒汽车公司宣布自己是美国"三大汽车之一"，使消费者感到克莱斯勒和第一、第二一样都是知名轿车了（图2-17），借助群体的声望，打出入会限制严格的俱乐部式的高级团体牌子，奉行"高级俱乐部策略"，强调自己是这一高级群体中的一员，从而提高自己的地位、形象。

蒙牛乳业启动市场时，宣称"做内蒙古第二品牌"，将"向伊利学习"、"争创内蒙古乳业第二品牌"打在产品包装上，采取了甘居"第二"的比附定位方法。在蒙牛一次集中投放的300多幅灯箱广告中，广告正面主题为"为内蒙古喝彩"，下书："千里草原腾起伊利集团、兴发集团、蒙牛乳业；塞外明珠辉照宁城集团、仕奇集团；河套峥嵘蒙古王；高原独秀鄂尔多斯……我们为内蒙古喝彩，让内蒙古腾飞。"背面的主题为"我们共同的品牌——中国乳都·呼和浩特"。蒙牛把自己和内蒙古的一些著名企业放在一起，提出共建中国乳都，这与美国克莱斯勒汽车公司奉行的"高级俱乐部策略"的思想是一致的。

脑白金启用脍炙人口的广告语"今年过节不收礼，收礼只收脑白金"，在极短的时间内迅速启动了市场，并登上了中国保健品行业"盟主"的宝座，引领我国保健品行业多年。其成功的最主要因素在于找到了"送礼"的轴心概念。中国，作为礼仪之邦，有年节送礼，看望亲友、病人送礼，公关送礼，结婚送礼，年轻人对长辈送礼等几十种送礼行为，礼品市场何其浩大。脑白金的成功，关键在于定位于庞大的礼品市场，得益于"定

图2-17　通用汽车、福特汽车与克莱斯勒汽车的Logo

位第一"法则——第一个把自己明确地定位为"礼品",以礼品定位引领消费潮流。

2.5 ROI理论

ROI理论是关联性（Relevance）、原创性（Originality）、震撼性（Impact）的简称。作为广告艺术派的代表人物，其理论提出者威廉·伯恩巴克（图2-18）认为广告"怎么说"比"说什么"更重要，在他看来，广告

图2-18　广告大师威廉·伯恩巴克

是"说服的艺术"。他认为创意的过程应该是"将客户的产品与消费者联系起来，明确人类的品质与感情扮演怎样的角色，然后广告决定如何利用电视或平面媒介传递信息并赢得他们"。他善于把握消费者复杂的心理，并以卓越的创意给人震撼性的感受。ROI理论是一种实用的广告创意指南，是广告大师威廉·伯恩巴克创立的DDB广告公司制定的广告策略中的一套独特的主张。

ROI理论的观点是好的广告应具备三个基本特质：

（1）关联性（Relevance）

（2）原创性（Originality）

（3）震撼性（Impact）

关联性就是指广告创意首要先与产品本身有一定的逻辑性，彼此之间要有关联，包括广告与受众的相关性、广告符号与受众知识经验的相关性以及广告内容与消费者需要的相关性。

原创性就是要与其他广告不同，有一定的求异性，创意概念单纯，用较少的视觉元素，传达最大的信息量，创意本身具有可延

续性和可运用于不同媒体的灵活性。

震撼性，顾名思义，指广告的创意要震撼人心，让受众的心灵深处被广告感动到。震撼性是来自媒体的震撼、来自广告信息结构，持续的广告运动同样产生震撼力。

伯恩巴克为金龟车创作的广告堪称ROI理论的典范（图2-19）：这是一辆诚实的车子（相关性）；这是一辆不合理的车子（出人意料）；车门某处有肉眼看不见的微伤的"次品车"的画面（震撼性）。

图2-19　金龟车广告

2.6 四大理论的异同

2.6.1 四大理论的差异

四大创意理论自创建后就被奉为广告传播乃至营销领域的经典理论，拥有各自的追随者，其影响力一直延续至今。四大经典理论的显著差异：

USP理论——立足产品，从产品自身找差异。

BI理论——从产品外部、产品形式层面找差异。

定位理论——从竞争者与消费者的角度找差异，以消费者认知为中心。

ROI理论——广告创意的原则：相关、原创、震撼。

这四大广告创意理论的不同，反映出虽然产生的时间比较接近，但由于理论的创立者对广告到底是科学还是艺术这一问题具有分歧，这种分歧在创意观上呈现出了显著的差异。品牌形象理论的提出者大卫·奥格威与罗瑟·里夫斯同为广告科学派鼻祖——克劳德·霍普金斯的追随者。奥格威将广告的关注点由产品层面上升到品牌层面，从战略高度提出了广告在营销活动中的目标就是要打造一个持久的、具有影响力的品牌。该理论认为广告创意不应仅强调产品本身的属性，创意的关键是要为产品建立一个独具特色的品牌形象和个性。ROI理论的提出者威廉·伯恩巴克作为广告艺术派的代表人物，认为广告创意是相关性（Relevance）、原创性（Originality）、震撼性（Impact）的综合。他认为创意应该给消费者以震撼性的感受。

2.6.2 四大理论的共性

USP理论、品牌形象理论、定位理论和BI理论，表面上似乎完全不同，但是具有实质上的共同之处。探寻这些传统的创意理论被广泛认可的原因，会发现它们具有以下三方面的共性：

（1）这些经典的创意理论均来自于广告从业者实践经验的积累，受到业界的广泛认可。这些著名的广告人，如罗瑟·里夫斯、大卫·奥格威、威廉·伯恩巴克、艾尔·里斯和杰克·特劳特，也因为在广告创意上的卓越贡献而被誉为美国"创意革命"的旗手。

（2）这四大理论的第二个共同之处，即都是为了实现品牌差异化。USP理论立足于产品，希望从产品本身的属性和特征中找到品牌的差异。随着技术的进步，产品同质化越来越严重，奥格威发现，从产品本身很难找到品牌的差异，即便找到了，也难以长久保持这个优势，因此，应该从产品外部、产品形式层面找差异，树立品牌形象。随着产品同质化的进一步发展，品牌形象也开始被模仿，于是里斯和特劳特提出，不管是宣传USP还是树立品牌形象，必须第一个讲出来，占据第一的位置，这才是关键。因此，所谓定位，既可以是从产品本身出发找到的USP，也可以是某种品牌形象，只要这个点还空着并且对消费来说是重要的，就可以用作定位。定位理论被认为是在这个传播过度的社会中解决传播问题的首要思路，也是现代营销中最重要的概念。目前，定位论对营销的贡献超过了原来把它作为一种传播技巧的范畴而演变为营销策略的一个基本步骤。

（3）这些理论都经历过后人的不断完善。每一种理论的出现都有其特定的时代背景，同时也会受到理论创建者立场与观点局限性的影响，因此没有一种理论具有跨越时空的普适性。四大创意理论在风云变幻的市场环境下能够屹立不倒，除了自身的理论张力，后续的完善也功不可没。例如早期的USP理论由于过于关注产品而忽视了消费者的需求与感受，在20世纪60年代即受到市场变化的挑战。而在20世纪70年代，该理论的价值又被重新发掘，但这时人们寻找的USP已经不仅是产品的USP，而是在分析了品牌特性与消费者需求的基础上，结合产品的特色确定的USP，这较之USP理论最早的内涵已经扩展了一大步。到了20世纪90年代后，USP理论更与品牌形象理论深度结合，强调USP的创意源自于对品牌精髓的挖掘，这一时期的USP理论不仅帮助企业销售产品，还肩负起了营建和增长品牌资产的新使命。USP理论演变的过程正是对理论完善的过程，这一理论经过不断的丰富与发展，更能适应新的市场特征与需求。品牌形象理论的演变更为剧烈。奥格威最初建立品牌形象理论时并没有系统性地对品牌加以论述，而是作为富有经验的创意人对创意核心的一种天才的把握与预见。在品牌形象理论提出之后，人们发现

"品牌"观念的提出犹如开启了市场营销的另一个空间，无形的品牌比有形的产品具有更大的市场价值与潜力。品牌建设由此成为企业营销的重要目标。人们在品牌形象理论的基础上建立了品牌学说，研究品牌的创立与建设、品牌的经营与管理。经历了演变与发展的品牌形象理论的影响力已经远远超出广告创意范畴，成为重要的营销理念。

2.7 当代环境下四大理论的局限与延展

2.7.1 四大理论的局限

21世纪初，媒介技术迅猛发展，媒介呈现出数字化、融合化、社会化的态势。对于广告行业来说，影响最大的莫过于媒介变革给营销与传播领域带来的震荡。媒介的数字化发展使原有稀缺的媒介资源急剧膨胀，发布信息变得容易，而使信息被消费者关注则日益困难，媒介经济时代已经过渡到眼球经济时代。与此同时，依靠社会化媒体，消费者拥有了话语权。消费者会主动地搜索自己需要信息，继而会选择性地接收信息，之后还会选择性地分享信息与感受。互动已经是数字媒介时代信息流动的基本特点，信息的互动既发生在消费者与企业之间，也发生在消费者与消费者之间。信息选择的主动权向消费者转移的形势下，单一媒体效果被稀释，企业必须整合多种媒体资源开展营销活动才能产生与以往相同的传播效果，而产生于大众媒体时代的传统广告创意理论在跨媒体沟通过程中则表现出了局限性。

（1）传统的创意理论中缺少关于"载体创新"的内容。四大创意理论诞生的时间集中在20世纪中后期，当时的媒体环境还处于大众媒体时代。在大众媒体时代，媒体的形态相对较少，广告创意只能在媒体形态的既有框架下展开，因此，传统的广告创意理论，无论是科学派还是艺术派，都只围绕广告主、消费者、品牌、产品这些内容及其之间的关系进行探讨，没有关于对信息载体进行创意的内容。而在数字化时代，媒体的种类及形态都较之以往异常丰富，展现信息的能力也大大提升，广告载体本身的特点及传递信息的方式已经成为广告信息的一个组成部分。技术的进步为创意提供了更广阔的施展空间，这种创意思路对于传统创意理论提出了挑战。

（2）传统的创意理论无法体现新媒体环境下的信息互动。广告从诞生之日起就扮演着沟通产销"纽带"的角色。大众媒体时代，广告主与消费者之间的信息处于一种不对等的状态，广告主在信息上处于强势地位，拥有大量的信息资源，而消费者处于信息的弱势地位，获取信息的途径有限，广告信息主要是由广告主向消费者单向流动，广告创意要解决的问题就是以消费者最愿意接收的方式完成信息从广告主向消费者的传送。这一时期消费者的消费行为模式AIDMA（Attention——引起注意，Interest——产生兴趣，Desire——唤起欲望，Memory——留下记忆，Action——采取行动）即反映出消费者在信息匮乏的环境下被广告所左右的状态。在新媒体环境下，信息不对等的情况发生了改变，媒介资源的丰富，使消费者有了大量的接收信息的途径，也拥有了发布信息的平台，消费者的消费行为模式发展为AISAS（Attention——注意，Interest——兴趣，Search——搜索，Action——行动，Share——分享）。在新的消费模式之下，消费者几乎摆脱了20世纪作为信息被动者的角色，通过信息搜集以及信息分享，来展现自身的主体意识。如何在信息传播的过程中创建一个可供互动的主题，同时把握互动中的主动权，掌控信息的流向，这是广告创意必须要面对的新的挑战。

（3）传统的创意理论都是"广告的创意理论"，而在广告自身的指代范畴发生变化之后，传统的创意理论就显示出了与新形势的不协调。媒体数量的激增使得企业的整合营销传播活动必须借助多种媒体才能产生理想的效果，在这种跨媒体沟通中，企业不能仅从营销的角度分配各种营销手段的应用比例，还要从打破消费者信息屏障的角度规划每种营销手段以什么样的具体形式、借助何种载体出现，其间，广告、公关及其他促销手段相互渗透，齐头并进，各种营销手段之间的界限极为模糊，广告在营销活动中扮演的角色已经发生了很大的变化。当广告所指代的范畴已经发生变化，传统广告创意理论在新的广告范畴面前就会显得狭隘、局促，无法从战略的高度将广告与其他营销手段相对接。

2.7.2 四大理论的延展方向

媒体的变革为广告传播提供了更多的机会，也提出了更大的挑战，传统的创意理论若要延续经典，必须直面新的问题，解决新的问题。传统的创意理论需要从高度、广度、深度三个方面进行延展以适应新的市场形势与传播环境。

（1）理论高度的延伸。

在新媒体环境下，创意理论必须提升其理论高度才能适应新形势下广告角色的变化。新媒体环境下信息的双向流动，使得主要以单向的信息传播方式传递信息的广告的效果受到质疑。广告的窘境已引起学界的关注，有的学者提出，"广告要谋求更好的生存与发展，必须作出生存形态、传播形态乃至观念形态的重大调适与改变"，认为"以广告为工具整合营销传播，以广告产业来整合企业营销和传播服务的相关领域"，即建立"大广告产业"。同时，还认为广告具有整合其他营销手段的能力："广告代理公司是整合营销传播思想的发源地，也是整合营销传播思想最初的实践场所"，"广告产业在营销传播

领域也一直占据着主导地位"，"广告业应当成为整合营销传播的核心"。在实践领域的一些新探索也体现了广告人希望以广告整合其他营销手段的愿望。日本电通公司在《打破界限——电通式跨媒体沟通策略》中提出要"规划沟通导线，有效引导目标人群的行为变化"，即为了打破消费者的信息屏障，要"在统合了广告、促销、公关传播、线下活动、双向互动等各种措施的整合营销传播中，着眼于如何组合信息接触点，设计沟通导线的策划手法"。在电通公司看来，营销活动的首要任务并不是分配各种营销手段应占的比重，而是寻找一个可以激发消费者的主动参与热情的"创意点"，并为以这个"创意点"为核心的主题传播活动规划"沟通导线"。他们认为可以以创意整合营销，实现广告创意从小到大的转变。从理论界到实务界，都对广告寄予了厚望，广告若想成为营销活动的整合者，作为广告灵魂的创意理论的战略性提升是必然趋势。

（2）理论广度的延伸，即将创意理念延展至广告运作的每一个环节。

广告运作中任何一个环节的创造性的突破都可以给广告带来崭新的面貌。尤其是近几年广告媒体发布环节的创新性变化更是让广告人对创意有了重新的认识。例如作为对传统媒体形态的一种突破性变革，环境媒体的出现使人们对广告载体有了更进一步的认识。虽然对广告媒体的定义是任何可以承载广告信息的载体都可以成为广告媒体，但很长一段时间以来，人们所熟悉的广告媒体就是传统的大众媒体或其他一些既有的信息载体。环境媒体让人们真正认识到，在创意面前，载体具有无限的可能性。广告媒体并不一定是一个有形的信息载体，一些无形之物只要能在特定的情境下完成信息的传递，也可以成为广告载体。传统创意理论中关于广告创意点、创意思路、创意方向的认识必须聚焦于这些新的变化，即在新的媒体环境

下，不但传送的信息需要创意，信息的载体及信息流动的过程也需要被纳入创意之中。

（3）理论深度的延伸，即创意理论要关注与消费者的深度互动。

传统的创意理论研究的是如何让信息顺畅地从广告主流向消费者，而在数字媒体时代，互动已经成为广告主与消费者沟通的关键所在，如何正确地理解互动、创造互动、引导互动成为创意是我们必须要关注的问题。深度互动并不限于吸引消费者关注、阅读、点击、反馈，而且要激发消费者强烈的好奇心与参与的热情，让他们主动地搜索信息、分享信息，让信息在消费者之间以病毒的方式传播。同时，在传播的过程中还需要对信息加以控制，确保信息的内容向着有利于广告主的方向发展。在数字媒体时代，商品的本质没有发生变化，创造出具有话题性的广告活动，吸引消费者参与、讨论、分享信息与感受，这是在新媒体环境下广告创意必须要面对的新问题。创意理论必须要从关注信息内容的富有创造性的表达开始，进而去关注如何创造互动的活动与主题，设计互动的环节、互动的模式，即从内容创意延展到过程创意。总之，媒体的变革给广告行业带来了巨大的影响，同时也使传统的广告创意理论面临挑战。创意理论的战略性提升不仅关系到这些理论能否在新的时代延续经典，同时也关系到广告能否在营销活动中扮演整合者的角色。

2.8　思考题

（1）请分析白加黑的广告语"白天吃白片，不瞌睡；晚上吃黑片，睡得香"，归纳出USP理论的要点。

（2）请例举一项你认为成功运用了BI理论的广告作品，分析此广告如何为商品树立了品牌口碑。

（3）请分析伯恩巴克领导的DDB公司为艾维斯出租车公司所作的广告，归纳出定位理论的核心内容。

（4）简述ROI理论的核心内容、代表人以及代表案例，并用此理论分析你熟悉的一则广告作品。

（5）请简述广告创意四大经典理论的异同。

（6）请简述广告创意四大经典理论的局限性和延展方向。

第3章

广告创意构思与实施

本章讨论的创意构思与创意实施是指广告创意实现过程中的动作，是一种作为动词的创意行为。广告创意构思是广告创意活动的每一个过程都需要的一种构思活动，存在于广告信息概念创意、创意表现构思、作品执行和技巧等各个环节。

3.1 广告创意构思的内涵

创意构思是以新颖独特的方式解决问题的认知过程，通过个人强烈的创新意识的指导，突破旧思路，把现存的信息重新组合、扩展与升华，从而得出新概念、新理论、新技术、新产品的高级构思活动。创意构思的核心是创新，它可以应用在任何领域中。

广告创意需要考量环境与产品本身之间所建立的清楚的逻辑关系，即在什么样的环境下应采取什么样的对应方法，即策略。因此，广告的创意构思作为复杂而科学的脑力活动，必须根据广告要求进行策略性的思考，构思出符合广告策略要求的好点子，为广告主的信息传播服务，并设法保证广告作品最终能实现足够的关联性、原创性和震撼性。一则成功的广告作品必须能引起潜在消费者的购买欲望。常言道，广告创意就像带着枷锁跳舞，既要天马行空、激情澎湃，又要精确判断、逻辑推理。作为一个复杂的构思系统，广告创意构思有广告的策略性构思、创造性构思及逻辑性构思，这三种特征建构了三维立体的广告创意构思体系。

3.2 广告创意构思的特征

3.2.1 策略性

广告创意的策略性构思是一种有计谋、有谋略的构思活动。策略是指有效解决问题的方法，它是广告活动的起点。首先，了解广告主的信息传播需求及企业的广告策略，并进行初步的思考和判断。其次，通过市场调查，洞察消费者，发现其内心深处的需求。最后，策略性创意定位，包括对广告信息的理解的定位、对消费者的洞察力的定位、对广告表现执行能力的定位等，通过策略性定位可以更准确地把握广告创意，构思也更为清晰。广告的策略性构思要求广告创意人先谋定而后动，这是广告创意构思的前提，也贯穿于创意的全过程。

3.2.2 创造性

创造性构思是构思活动的高级过程，是在已有经验的基础上，通过多角度构思生产出新颖独特、有社会价值的作品的构思过程。已有经验包括知识积累、工作经验和人生阅历等，拥有越丰富的经验，越有可能创造出独特的、耐人寻味的好作品。创造性构思在形式上是自由的，可以天马行空，可以打破任何壁垒，穿过任何禁区，反复地运用发散构思和聚合构思，经过启发、反复思考、顿悟，最后产生想法并达成目标。广告的创造性构思负责创意创想，构思出与主题紧密联系又出人意料的创意概念，并通过可视化的执行形成广告作品。广告的创造性构思强调原创性，需要良好的方法去激发。目前常用的方法有两种：一是构思导图法，这是一种非常有用的图形技术，是发散性构思的表达，也是人类发掘大脑潜力的万能钥匙；二是头脑风暴法，又称"脑力激荡法"，是指运用多人的智慧去冲击问题，采用小组开会的形式组织人们对特定的问题进行讨论，使人们相互启发、引起联想，从而产生多种设想和方案。在产品高度同质化的时代，许多品牌广告的诉求点是相同或相似的，通过构思导图或头脑风暴所产生的创意概念很少会出现"撞车"的现象，能在执行层面将广告作品表现得与众不同。如英国的一个以反对吸烟为公益主题的广告短片，放弃了以恐怖诉求来警告大众吸烟有害健康的常规思路，而是选择"鼓励你恨的人开始抽烟"的逆向构思，给受众留下了深刻的印象。

3.2.3 逻辑性

一般广告创意人很少提逻辑，认为"逻辑构思"意味着刻板、僵化、没有创意。但广告的创造性构思最终必须要有落脚点，创造出来的概念或形象都要与所宣传的产品或品牌相关联，最终体现出企业的营销策略，这就是业内人常说的"带着枷锁跳舞"。广告逻辑构思是用来检验广告的创造性构思结果的，检验其是否偏离了广告策略，能否达到原定的目标。通过广告的逻辑构思，一是能够帮助创意者由已知推导未知，进行有效地创意；二是能掌握和规范创意者的主体构思，使其正确地表达和论证思想；三是可以根据消费者的构思规律来表现创意主题，更好地与消费者进行有效沟通。英国哲学家弗朗西斯·培根认为归纳法是逻辑的基础，逻辑构思的特点是以抽象的概念、判断和推理作为构思的基本形式，以分析、综合、比较、抽象、概括和具体化作为构思的基本过程，从而揭露事物的本质特征和规律性联系。在传统媒体的广告中，广告逻辑构思往往是通过推演完成的。在数字媒体时代，广告创意在传播方式上通过与大数据技术、社交媒体等结合，刺激人们对广告、产品、品牌完全投入式的即时体验和互动交流，同时通过与网络支付工具等结合，达成客户的即时消费和现实转化，消解产品与消费者的距离，加速广告预演的实现。五月花公司利用其纸巾产品，将各大城市的地铁站、商城变成了个性化的艺术场景——卫生纸画廊。广告主分别邀请了专业人士和普通消费者在五月花卫生纸上作水墨画，借助这个由广告主、意见领

袖、消费者共同参与体验艺术创作和欣赏的过程，调动消费者的审美能力和审美沉浸快感，使其身临其境地感受到五月花卫生纸柔滑、强韧和湿水不易破的重要特性，并深刻认同"五月花"品牌。以上三种广告创意构思方法是一个体系，在运用时，时而互为依托、互相穿插，时而单独进行。在策略性构思时，深谋远虑；在创造性构思时，勇敢果断，浮想联翩；在逻辑性构思时，条理清晰，目标明确。

3.3 广告创意构思的延伸方向

进入移动互联网时代，人们的生活习惯悄然改变，消费者接受信息和购物的习惯也都在改变。广告创意构思也应跟上时代的步伐，加入互联网构思。将互联网构思与广告创意构思相融合，形成一个新的创意模式，创意构思方法得到更多拓展，拓展的方向体现在以下几个方面：

3.3.1 围绕消费者的创意构思

必须以用户为核心来进行广告创意构思，也就是要求创意者真正地了解用户的需求，以用户为中心去开展创意。在电视广告文案中使用流行语可以调动目标受众参与营销活动的积极性，进而达成品牌沟通与品牌认同。以统一公司最新的茶饮料品牌"小茗同学"的电视广告《茗同学冷泡new》为例，其文案为：

女：我已经有喜欢的人了

（画外音）：泡妞真不容易。

小茗：泡妞？看我的。哟呵……"小茗同学"冷泡茶，泡的就是new！

"小茗同学"茶饮料的受众定位为"95后"青少年，这则广告在网络流行语"泡妞"上做文章，画面中"小茗同学"的卡通

形象酷坏可爱，引起了不少青少年的好奇。随后，该品牌在网络社区发起了"有一种味道只有冷泡茶知道"，"蜀黍别泡我"，"看不懂我的剧，就喝不了我的茶"等系列话题营销，被电视广告调动的青少年积极参与这些话题的讨论，迅速地提升了"小茗同学"在茶饮料市场中的占有率和在青少年群体中的认知度。据相关调查，2015年年初在超市还未见"小茗同学"的身影，半年后，该品牌在茶饮料市场中的占有率达到2.4%，最近，"小茗同学"在目标受众中的品牌认知度超过30%。

3.3.2 做到极致的创意构思

把广告创意做到极致、把表现执行做到极致。极致构思的本质是在构思上不忽视任何一个用户、任何一项需求、任何一个细节。

3.3.3 融入社会人文的创意构思

让受众参与广告创意的思考。沟通元是广告创意构思要创意的好方法，不单起着吸引注意、引起共鸣的作用，还能引起受众讨论、参与创意，这是社会化构思的集中体现。

3.3.4 运用大数据的创意构思

广告创意构思基于对用户的各项数据深入而精确的了解，能够更准确地洞察受众，使广告传播更精准、更有效。

3.3.5 跨界的创意构思

行业的边界变得模糊，跨界可以给广告创意者提供更多的思路和素材，跨界构思也最有可能使新的灵感迸发出来。随着互联网的普及和媒介时代的到来，广告理论的研究更加深入，广告实践更加创新，广告创意构思更加多元化，融合并形成了越来越丰富、有效的构思模式。

3.4 广告创意构思的基本原则

3.4.1 目标原则

广告创意必须服从于企业的广告目标和营销目标，即广告创意必须与广告目标和营销目标相吻合。在创意活动中，广告创意必须是围绕着广告目标和营销目标进行创意，从广告服务对象出发，最终又回到服务对象的创造性行为。广告创意的轨迹就是广告主的产品、企业和营销策略。任何艺术氛围的营造，都是为了刺激人们的消费心理，促成营销目标的实现。

3.4.2 关联原则

广告创意与产品、消费者、竞争者等要素之间存在着某种内在的必然联系。在符合品牌个性的基础上产生相关性。

3.4.3 简洁原则

简洁原则又称"KISS原则"。"KISS"是英文"Keep It Simple Stupid"的缩写，意思是"使之简单笨拙"。广告创意必须简单明了、纯真质朴、切中主题，才能使人过目不忘，印象深刻（图3-1）。

3.4.4 易于理解原则

好的广告应在表现方式上简洁，诉求点集中，也可以从多个方面展现或表述同一个诉求点，中心明确，一线贯底，使观者清晰地了解广告讯息。"易于理解"首先要具有冲击力，使人第一眼就可以记住，要具备原创性，具有独特与差异特征，更要具有单纯性，明确地体现核心竞争力，而且这种创意具有延续性，能够始终围绕广告目标。

如图3-2所示，仔细观察，消费者会领悟到广告设计者在这些文字的选择和设计上的独具匠心。最明显的文字无疑是构成杯口和

图3-1　简洁原则的运用

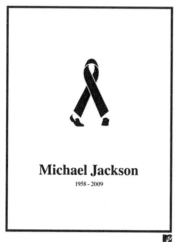

图3-2　易于理解原则运用

杯底的"Nescafe"和"雀巢咖啡",这也是这幅平面广告给消费者的第一信息,它直截了当地明确了广告的宣传主题;其次是杯身中间靠右位置上的"年轻",这个词准确地定位了广告的宣传对象、产品的目标消费群体。

3.4.5　情感原则

情感是人类永恒的话题,以情感为诉求来进行广告创意,是当今广告创意的一种主要趋向。在一个商品消费高度成熟的社会里,消费者追求的是一种与自己的感觉、情绪和内心深处的情感相一致的"感性消费",而不是仅仅注重广告商品的性能和特点。因此,若能在广告创意中注入浓浓的情感因素,便可以打动人,感动人,从而影响人(图3-3)。

图3-3　情感原则运用

广告传播便能在消费者强烈的感情共鸣中,达到非同一般的效果。许多成功的广告创意,都是在消费者的情感方面大做文章从而脱颖而出的。

3.5　广告创意构思产生

广告创意构思是一种复杂而清晰的创意过程,每一次从艰辛的积累到成功的顿悟都犹如中国古代诗词中的描绘:"昨夜西风凋碧树,独上高楼,望尽天涯路","衣带渐宽终不悔,为伊消得人憔悴","众里寻他千百度,蓦然回首,那人却在灯火阑珊处"。广告人罗杰·冯·奥克曾把广告创意构思总结为四阶段模式,认为每一个广告创意人员在创意的不同阶段都扮演着不同的角色,即探险家、艺术家、法官和战士。广告大师詹姆斯·韦伯·扬也明确提出了广告创意五阶段学说。这些均说明了广告创意构思过程的复杂和深刻,但是无论多么复杂的创意过程,都具有清晰的规律,为了更好地理解和掌握创意构思的技巧,我们一般把创意构思分为五个阶段。

（1）广告创意构思的第一阶段——明确目的。

明确创意的目的是广告创意的前提和基础，广告创意工作以明确目的为起点。广告设计的最终目的是促进销售，同时也可树立企业形象、改变认知、突出卖点、强调品质、增强竞争，所以，在进行广告创意之前必须明确其目的之所在，这样才会有的放矢。对于这一点，创意者务必了解，以便在设计中能很快找到切入点，少走弯路。

（2）广告创意构思的第二阶段——收集资料。

此阶段主要是对与创意直接相关的信息资料作有目的、有意识的收集和研究，它是进一步进行创造性思维活动的基础。信息资料主要包括两种：一是贴近主题的特定资料，包括图片和文字资料；一是平时积累的一般资料。其收集研究状况，直接关系着创意的结果和品质。如果说收集特定资料是眼前必须要做的工作的话，那么，收集一般资料就是一生的工作了。

（3）广告创意构思的第三阶段——酝酿提炼。

主要任务是对资料进行整理、归纳和深入的分析。韦伯·扬称之为"信息的咀嚼"阶段，创意人要"用心智的触角到处加以触试"，找出产品最能打动消费者的特殊之处，并以此作为广告的主要诉求点，逐渐形成比较清晰的广告创意的基本概念。在这个阶段，首先要对已收集的资料进行细细咀嚼，正如食物要经过胃加以消化一样，此时设计者要做的是寻求事物间的相互关系，使所有事物像儿童拼图一样组合后形成完整的画面，这个阶段所做的都是真正创意即将到来的前兆。在酝酿阶段，设计者有时会陷入一种大脑停顿或烦躁的状态，如果这时把注意力转移到别的地方，可能会出现意想不到的效果。

（4）广告创意构思的第四阶段——启迪灵感。

经过"信息的咀嚼"阶段之后，广告创意就进入了酝酿阶段，也就是韦伯·扬所说的"发酵"和"消化"的阶段。创意酝酿成熟后，人的心智豁然开朗，即进入形成广告创意的顿悟阶段，也是广告创意灵光乍现的最佳时机，优秀的广告创意经常会灵光乍现，不期而至，真是"踏破铁鞋无觅处，得来全不费功夫"。这个阶段最重要的就是灵感，有时是一个闪念，有时是一种感觉。灵感有稍纵即逝的特点，在其来临之前，人们其实已运用逻辑的、直觉的思维方式为产生创意做了许多工作，经过训练的心智便能够敏锐、迅速地产生创造性的灵感。

（5）广告创意构思的第五阶段——验证论证。

这个阶段其实就是检验论证、发展完善广告创意的阶段。此时要把新生儿般的作品呈现出来，让其能够适应社会和众人的眼光，发挥广告的作用。上个阶段已生成的创意虽光芒无限，但往往有些不合理的成分，此时必须结合实际情况继续推敲验证并且进一步加以完善。验证阶段的主要工作就是运用理论知识，以理性的心态来验证前几个阶段已形成的创意想法的合理性、严密性及可行性，还要把形象、色彩、文字、构图这些要素表现出来，形成比较完整的创意设计作品。

3.6 广告创意构思的表现策略

为了更加清晰、精准地阐述创意构思表现策略的针对性，在这里，我们将创意构思表现策略分为针对理性诉求的广告创意构思的表现策略和针对理性诉求的广告创意构思的表现策略以及二者结合的策略。

3.6.1 针对理性诉求的广告创意构思的表现策略

首先是针对理性诉求的广告创意构思的表现策略。在当今的消费行为中，质量、价格、功能等仍是影响消费者作出购买决策的重要因素。理性诉求是广告创意中运用的主要方式，理性诉求广告传达产品或服务的功能性利益，让消费者理智地思考，作出判断。创意构思策略的总结为理性广告提供了几种常用的创意思路，具有针对性的创意方法与策略的运用将会增加广告的说服力和可行性。针对理性诉求的广告创意构思的表现策略一般有以下几种：

（1）直白式表现策略

直白式广告是指在广告中直接向消费者诉说产品在质量、技术、价格等方面所具有的优点及能够给消费者带来的实际利益。这类广告集中表现产品的优点，因此，广告信息简洁明了，消费者对产品特点的认识非常清晰（图3-4）。但是这种广告采用的是只下结论即直接说明产品的优点，而不对结论进行论证和说明的表达方式，所以消费者对结论的信任度有时会降低。

（2）突出特征式表现策略

在广告创意中运用各种方式抓住和强调产品或主题本身与众不同的特征，并把它们全面地表现出来（图3-5），使人对产品的特征印象深刻。

（3）证明式表现策略

证明式表现策略是指在广告创意中不仅要说明产品所具有的优点，而且以有力的证据来证明这一结论。可以用实验的方式来证明，也可以用产品演示的方式或者出具有关国家认证来证明。比如有一则给隔热盒子做的影视广告，广告画面先显示煮沸的开水，然后将一只活着的小鸭子放入隔热盒子中，再将盒子放入煮沸的开水中，一段时间后将盒子拿出打开，小鸭子还是活着的。该广告

图3-4　直白式表现

图3-5　突出特征式表现

不仅说明了产品的特点，而且用实验的方式进行了证明。证明式的广告有理有据，可信性更强。

（4）比较式表现策略

比较式的广告又称为对比广告，在广告中将广告主的产品与其他同类产品作比较，不仅可说明本品牌产品所具有的优点，而且通过与其他不具备此优点的产品进行对比，将自身的优势突出出来。比较广告迎合了人们在消费过程中普遍存在的比较心理，在购物时，面对琳琅满目的商品，消费者总是在不断进行比较，以找到最适合自己的商品，对比广告正契合了这种心理（图3-6）。若广告中只展示自身产品，其优点不会特别突出，对比式的广告如同给自身产品找了一个参照物，当把自身产品与其他产品放在一起对比

图3-6 比较式表现

图3-7 问题解决式表现

演示的时候，其优点能更好地突出出来，说服力更强。

（5）问题解决式表现策略

这是一种罗列问题点之后抖包袱的创意风格，先将产品带给消费者的利益点隐藏起来，将没有使用本产品或服务之前所造成的负面问题表现出来，再说明本产品能解决这些问题。比如脉动的广告，在广告中先表现人精神不好、不在状态时出现的种种问题：给女朋友剥香蕉时把香蕉肉丢进垃圾箱，把香蕉皮留给女朋友；给女朋友系鞋带时，把两只鞋系到一起……在表现完一系列的问题后将产品展示出来，男主人公喝完脉动后顿时神清气爽（图3-7）。广告前一部分重点表现问题，后一部分说明产品能解决问题，产品的作用自然而然地表现出来了。这是一种有因有果式的创意思路，在理性广告中运用得很普遍。

问题解决式表现策略是影视广告表现形式中比较容易被观众接受的一种。奥格威的研究结果表明，提出问题，然后再解决问题的广告要比其他类型的广告有效4倍，这也是一种很有促销力的传达方式。上海灵狮广告公司的奥妙洗衣粉——"红番茄篇"的广告就是一个成功的案例。其创意成功之处有以下几个方面：

首先是选择家庭主妇作介绍，使产品增加了可信度。其二是用动画表现产品的特点：让一群奥妙小白人去搓掉污渍，强调不用手搓，从而使观众加深印象，提高购买的欲望。最后，广告以一个红番茄贯穿全篇：顽皮的红番茄飞速旋转，从天而降，弄脏了女孩的衣服，闯了祸，在遭遇奥妙之后，红番茄的傲气一扫而光，在奥妙洗衣粉面前灰溜溜地逃走了。情节设计得诙谐幽默，使枯燥的产品介绍变得生动形象。此类广告要达到的目的是为消费者解决难题，因此要用观众自己的话来表达，至于商品的特色和优点，应在介绍商品与解决问题之间恰到好处地提出，达到广告促销产品的目的。

（6）阐述原理式表现策略

阐述原理式的广告指的是在广告中通过详细说明产品发生作用的原理、产品的构成等一些非常专业的知识来说明产品的某一优点或者某种效果是如何产生的，从而使消费者信服。作为普通的消费者，对于各种商品的作用原理等专业知识并不了解，单纯地向受众说明产品具有某些优点并不能让受众十分信服，若能在广告中向受众详细解释出产品的作用原理，则会使受众更加信服。比如舒适达牙膏的广告，广告要向消费者说明该品牌牙膏具有缓解牙齿敏感的效果，为了使消费者对产品的这一优点更加信服，广告中请医学博士对产品效果产生的原理进行了详细的介绍，用图解的方式说明牙齿敏感是如何产生的，即牙齿上出现小洞，舒适达牙膏含有NovaMin，可释放和牙齿相同的天然成分来修复牙齿小洞，缓解牙齿敏感（图3-8）。阐述式广告不仅让消费者"知其然"，而且"知其所以然"，说服效果更好。

图3-8　阐述原理式表现

（7）呈现效果式表现策略

呈现效果式的广告侧重于在广告中展现产品使用后的效果，通过让受众直观地看到效果使受众信服。比如很多女性护肤品、塑形内衣广告，在广告中重点展现使用产品后女性娇嫩的肌肤、完美的身材（图3-9）。洗发水广告要表现使用产品后头发的柔顺、光泽亮丽等。表现效果式的广告通过眼见为实使消费者认可产品效果。

图3-9　呈现效果式表现

3.6.2　针对感性诉求的广告创意构思的表现策略

以情感为诉求重点来进行广告创意，是当今广告发展的一个趋势。因为在一个高度成熟的社会里，消费者的消费意识日益成熟，他们追求的是一种与自己内心深处的情绪和情感相一致的感情消费，而不是仅仅注重广告商品的性能和特点，因此，若能在广告创意中注入浓浓的情感因素，便可以打动人，从而影响人。

感性诉求的广告创意的表现策略强调和突出创意构思的情感表现。情感有喜、怒、哀、乐、忧、惧、骄傲、内疚、消沉等，各种情感都会通过某些表情和动作表现出来。情感属于主观意识范畴，是主体对外界刺激所产生的一种肯定或者否定的心理反应。人们在同外界发生交往时，自然会产生各种各样的情感体验，如喜欢、爱慕、愉悦、快乐、愤怒、悲伤、恐惧、忧郁、厌恶等。感情表现为亲近、依恋、喜爱、疏远、躲避或厌恨等。受众在解码广告信息的过程中，面对广告图式、符号、图形、线条、色彩、肌理等视觉语言，会产生某种情绪或情感。在情感体验的流程中，广义的情感体验，其感性部分有睹物兴情、直观感物的特点，是一种初级直觉。但要演进为狭义的审美体验，需要深拓与兴腾，即以一种"精神觉醒"为中介而发展至一情独往，超越物象，获得较为深层的审美体验。

广告创意构思不仅要传达基本信息，更应该多注意受众的愿望和要求，而情感正是受众愿望和要求的主要表现形式。只有把握住了受众的某种情感，广告作品才能引起共鸣，从而获得广告效应。研究表明，后现代社会人们消费的是精神符号和情感体验，而不仅仅是物的功能。随着受众消费心理需求的日趋差异化、多样化与复杂化，当代社会已经进入重视"情绪价值"胜过"机能价值"的时代，人们越来越重视个性的满足、精神的愉悦以及生活的舒适。所谓"体验的视觉"，是指富足的都市生活、丰富的审美情趣以及充足的图像资源使得人们的眼光越发挑剔，追求个性化和感官享受。广告图形设计应关注受众的生存状态和消费观念，唤起受众内心的情感共鸣才是广告图形设计的立足点和终极目标。好的广告在传达相关信息的基础上更加注重满足人的精神需求和情感体验，例如内心深处的焦虑、叛逆、爱恋、自恋、欣赏、脆弱、神经质、不平衡等。作为一种沟通艺术，广告所要达到的目的就是满足消费者的情感诉求，影响他们的购买目标和价值取向。消费者通过广告选择商品的活动实际上是将自己生命中潜在的可能性加以实现，意味着通过自己的选择行为来塑造自己的形象乃至整个生命。

在广告创意构思中，视觉语言是一种形象化的艺术创造，是建立在消费心理基础上的构成方式，是情感化个性展现的样式。将情感因素适当而巧妙地注入到广告图形设计中，不仅可以使广告反映出当下人们的精神生活状态，让广告设计具备与受众沟通的良好基础，而且可以为广告视觉语言的建构带入适宜的温度和情态，让广告表现得更为鲜活、生动而又富有灵气、感染力和亲和力，在一种"润物细无声"的互动情境中实现受众的体验。

（1）互动式表现策略

互动式广告出现在网络广告中，比弹出式广告与浮动式广告更加人性化，其界面与创意设计风格得到人们的青睐。互动式广告充分尊重受众的选择权与主动性，通过富有创意的广告形式吸引受众主动地去逐步点击

广告内容，增强受众对商品或服务的好感与亲切感（图3-10）。互动式广告的应用范围较广，从具体商品的营销到品牌形象的塑造，再到公益事业，都可采用这种别开生面的形式。

（2）意境式表现手法

意境是中国传统美学思想的重要范畴，在传统绘画中，是作品通过对时空境象的描绘，在情与景高度融汇后所体现出来的艺术境界。意境的构成是以空间境象为基础的，画家通过富有启发性和象征性的艺术语言和表现手法显示时间的流动和空间的拓展，给欣赏者提供了广阔的艺术想象的天地，使作品中有限的空间和形象蕴含着无限的大千世界（图3-11）。广告创意中同样可以运用意境式表现手法，以简短的时间表达丰富的创意思维。

（3）幽默式表现策略

幽默是生活中一种不可缺少的精神食粮。幽默式广告语是充满着智慧和想象力的一种有趣的或可笑的语句。幽默式广告语的特征之一，就是令人发笑，使人觉得有趣（图3-12）。幽默式广告语被人们广泛使用，原因主要是人类的心理需要轻松、开朗。因此，这种幽默式广告语常常具有感人的吸引力，使人们对广告产品产生浓厚的兴趣。

（4）留白式表现策略

历史"留白"一词具体指在构图时，预留部分空间不着笔墨而保留纸面本色，后来，

图3-10　互动式表现

图3-11　意境式表现

图3-12 幽默式表现

图3-13 留白式表现

这种形式上的"留白"发展为思想表达上的预留。它通过预先设计的画面构图，用黑与白、实在与虚空、确定与未知的对比来引导观众去领略作者的创作激情和目的所在。这种意味深长的布局给人宽广的思维空间，充满"暗示"的表达方式，以最简明的程式承载最精致的情感，让所要表达的内容含而不露，能达到"此时无声胜有声"的静态效果，让人心领神会，回味无穷（图3-13）。

（5）玄虚式表现手法

广告贵在创意，有创意，才有魅力。玄虚式表现手法就是吊胃口，制造悬念，有意隐去其"庐山真面目"，延长人们对广告内容的感受时间，诱导人们带着疑问弄个明白，迫不及待想早点看到"谜底"，为以后加深广告印象打下伏笔。

（6）警示式表现策略

愤怒、恐惧、怀旧等情绪也会运用到广告的表现中。愤怒、恐惧情绪常被运用到某些公益广告的宣传中。公益广告是为了解决某些社会问题来劝服受众改变自身行为而做的非营利性广告，广告中常常表现受众行为没有改变时造成的严重后果，引起受众的恐惧和愤怒，促使受众改变行为（图3-14）。比如以交通安全为主题的公益广告，常表现受众醉酒驾驶、超速驾驶后发生车祸的情形，将这种血腥的、悲惨的场面直接展现在受众面前，引起受众的恐惧，促使其遵守交通规则。2014年，我国的一个以保护动物、抵制皮草为主题的公益广告获得了银奖。沈阳，中国东北地区最大的城市，在这里动物饱受着难以想象的折磨，为了更方便、省钱，动物被活体取皮。广告向受众展示了动物被活体取皮的场景，人的残忍和动物饱受的折磨被直接展现在受众面前，引起受众的愤怒和恐惧，促使受众抵制皮草。情感警示型策略多用于强调人们要引以为戒的公益广告。淮北有线电视台广告部制作的"拒绝毒品，珍爱生命"就是一则优秀案例。生命对于每个人只有一次，人人都应格外珍惜。毒品是威胁人们生命的最可恶的敌人，将毒品与生命相提并论，自然会引起人们的特别关注。在这则公益广告中，创意人借用一枝美丽的鲜花因为注射了毒品而枯萎这一象征手法，配以艺术效果，不仅避免了直接拍摄一个濒临死亡的吸毒者惨不忍睹的场景，而且也会引发人们的想象，进而引发人们对吸毒者的惋惜，对毒品的憎恶，以达到"拒绝毒品，珍

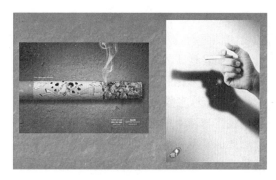

图3-14 警示式表现

爱生命"的公益广告的目的。随着画面的展示，观众进入创意人设计的情节而受到启发，广告警示语出现后，人们便恍然大悟，对这则"拒绝毒品，珍爱生命"的公益广告留下了印象，使这一严肃的社会问题引起了更多人的关注。

3.6.3 创意构思感性表现策略与理性表现策略的结合

理性诉求广告科学严谨，但缺乏吸引力。感性诉求广告有趣味性和吸引力，但不能向消费者明确指出产品的优点。因此，理性的广告主题与感性的广告表达方式相结合成为广告创意的一种趋势，既可明确表达产品的特点，广告的表现形式又极具吸引力。

（1）幽默元素在问题解决式广告中的运用

问题解决式的广告先表现没有使用产品或服务之前所遇到的问题，再将产品或服务展示出来说明能解决这些问题。这类广告在表现问题时常采用幽默的方式，构思一个幽默的故事或者展现一个幽默的场景。比如戛纳广告节上的一则电池广告：一个富翁重病中，输着液，正在很吃力地录制他的遗嘱，当他讲到最关键的一句话："我打算把我的几百万财产留给一个人，给你，我亲爱的……"这时，摄像机的电池突然没电了。广告用这样一个幽默的故事表现了其他品牌电池使用时间短带来的麻烦，用以说明本品牌的电池使用时间长。

（2）幽默元素在效果表现式广告中的运用

效果表现式的广告重在展现产品或使用服务之后的效果，这类广告常采用夸张的手法将产品或服务效果夸大以产生幽默的效果。如戛纳广告节上塔巴斯科辣椒酱的广告：一个肥胖的油腻的男人正在享受一块涂了塔巴斯科辣椒酱的比萨，这时飞来一只蚊子落在他的腿上，男人得意地看着这只蚊子吮吸他

图3-15 幽默元素在效果表现式广告中的运用

的血，蚊子吸完血后刚飞到空中，只听"嘭"的一声，爆炸了。广告用夸张的手法表现了塔巴斯科辣椒酱"辣"的效果，极具幽默性，而吃一口辣酱如同抽烟火辣地吐出烟圈来的平面广告也同样运用了幽默元素（图3-15）。

（3）抒情手法在突出特征式广告中的运用

抒情也是理性与感性诉求广告中常见的结合表现手段。抒情指人参与活动或对待别人所表现出来的热烈、积极、主动、友好的情感或态度，此处的"抒情"所表达的意思应更宽广。人的情感是非常丰富的，包含人与人之间所产生的亲情、友情、爱情，人与动物之间所产生的感情，还有人对家乡、祖国所产生的感情等，这些情感不仅是热烈的、积极的，也可能是温暖的，甚至是哀伤的、忧郁的，但同样能感染受众、打动受众。广告在说明产品特点的同时融入了情感元素，在广告表现上更具吸引力。如日本一则东芝电灯泡的广告，它描绘了从房间照明更换为LED灯泡的那一天起，到再次更换LED灯泡为止的10年时光。广告以LED的灯光为背景，描述了一个男子从单身，到与一位女士相遇、结婚、生子的10年的生活经历。东芝这则名为"10年日历"的广告引起了大量的共鸣，人生是一天天累积而成的，与家人平凡的生活中随处可见小小的幸福。这则广告令人们回想起了那些太过普通的往往会遗忘的小事，

但却温暖人心，既表达了东芝LED灯泡10年寿命这一主题，在表现上又融入了一定的情感以感染受众。

在一则广告创意中，可以运用一种创意方法，也可以综合运用几种创意方法，创意方法的综合运用将会增加广告的说服力和可行性。理性诉求是广告创意中运用的主要方式，理性广告说理性强，但枯燥乏味，基于这样的特点，当今的理性广告创意越来越多地融入了感性广告的元素，表现出了二者结合的趋势。

3.7 创意构思的实施

广告创意构思作为一种思维活动，最终要达到效果的实施和实现，具体实施和实现的步骤是：通过对产品和市场进行分析、研究创意简报等程序，形成创意概念和创意主题，其最终的目的是产生一个或一组创意，即通常所说的idea，有了这个idea，即可进入广告执行的流程，将成型的创意制作出来，直至最后选择媒介投放。概括地说，广告创意实施共分为五个步骤：认知产品和其市场—研究创意简报—形成创意概念—确立创意主题—选择媒介呈现。

3.7.1 创意构思的第一步骤：认知产品和其市场

广告创意实施应该附带一个前期调研工作，创意人需要尽可能地多了解产品的特征和所处的市场环境，并找到和自己要做的同品类的产品已经做过的广告，反复构思对比，最终找到适合产品的创意角度。产品的生命周期，包括产品导入期、产品成长期、产品成熟期、产品衰退期等阶段。创意实施的第一步骤是根据不同阶段的市场特点，结合市场上竞争品牌的特点，找到合理的创意构思

和实施策略。

产品导入期的市场特征：

（1）消费者对产品的认知为零。

（2）市场规模、需求群体还很小。

（3）几乎没有竞争对手出现。

针对产品导入期的广告创意构思策略：

（1）明确目标消费者、产品定位，提出创意主题、消费主张。

（2）告知新商品。

（3）新上市的广告造势并配合营销，迅速提高品牌知名度。

（4）从新鲜性、特色稀有性、高级性、时尚流行性等角度展开。

产品成长前期的市场特征：

（1）消费者对产品有了一定的认知。

（2）市场经过初步培育，不断扩大，需求群体也在扩大。

（3）竞争品牌开始出现。

针对产品成长前期的广告创意构思策略：

（1）深化产品定位。

（2）侧重品牌个性。

（3）广告创意可以从需求社交性、使用合理性、品牌流行性等角度展开。

产品成长后期的市场特征：

（1）产品概念被普遍接受。

（2）消费群、需求群体急剧上升。

（3）竞争越来越激烈，用户指牌购买率增加。

针对产品成长后期的广告创意构思策略：

（1）创意追求商品的差异化。

（2）适度增加品牌感性要素的宣传，增加产品的附加值。

（3）提升品牌地位，发挥口碑效应。

（4）加强品牌个性化建设，以建立行业品牌门槛。

3.7.2 创意构思的第二步骤：研究创意简报

在充分了解和掌握了对应产品的生命

周期之后，开始广告创意构思实施的第二步——研究创意简报。商业运作范畴中，广告创意一般由广告公司的创意部完成，而这项工作由客户部交给创意部，客户部是前期接触客户的部门，他们会和客户，即广告主沟通，根据客户的营销计划撰写创意简报（Brief），这份简报里面包含“背景资料”“目标受众”“广告调性”等内容，精确勾勒客户的情况、市场的情况以及产品或者品牌的优劣势等，并提供广告的策略，为创意部发想广告创意打下基础，各家广告公司的创意简报的条目可能有所不同，但罗列的重点基本是一致的。创意部接到简报后，创意工作就正式开始了。创意人员首先需要仔细阅读创意简报，并逐一讨论创意要求，如有不明确的地方还会和客户部进行沟通，有了清晰的创意要求之后，创意人员需要查找该品牌的历史以及已面市的广告，找到该产品在其品类中的独特诉求。确定诉求点之后，一般情况下，创意人会立即开始发想创意，然后开一轮或者数轮碰头会，最终确定创意，然后将确定的创意执行出来。

图3-16所示为一份创意简报格式模板。

创意简报一定要具备简、报、准三个特征，简是指意念要单纯，报是指交代要清楚，讲明到底要什么，准是指简报要具有激发力，

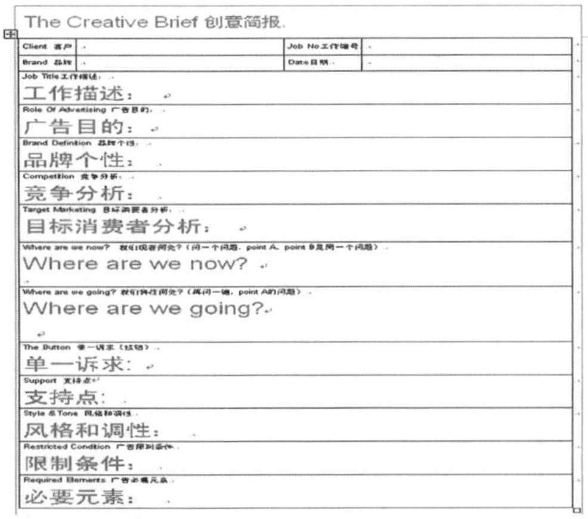
The Creative Brief 创意简报

Client 客户		Job No工作编号	
Brand 品牌		Date日期	
Job Title工作描述 工作描述：			
Role Of Advertising 广告目的 广告目的：			
Brand Definition 品牌个性 品牌个性：			
Competition 竞争分析 竞争分析：			
Target Marketing 目标消费者分析 目标消费者分析：			
Where are we now? Where are we now?			
Where are we going? Where are we going?			
The Button 单一诉求 单一诉求：			
Support 支持点 支持点：			
Style & Tone 风格和调性 风格和调性：			
Restricted Condition 广告限制条件 限制条件：			
Required Elements 广告必要元素 必要元素：			

图3-16　创意简报模板

使创意人员充满兴趣和激情地走向创作环节。

创意简报中，“竞争分析”部分要重点阐述产品市场的基本走势与状况，主要的直接竞争对手和间接竞争对手及其表现，本品牌在市场中的状况，市场的机会点与问题点等。在消费者洞察部分，要明了目标消费者的社会特征、消费心理和消费行为。

在“品牌个性”部分，在品牌历史回顾的基础上，广告要表现的品牌特征、品牌个性及这个品牌长期以来的调性和感受，是创意部员工必须认知的。

在行销目标部分，商品本身、价格政策、通路配销、广告传播都要梳理清楚。要清楚广告不是万能的，因此应该了解广告要解决的是什么问题以及有什么“沟通机会”可以发挥，千万不要被“市场目标”说限制！

“问题点”（Where are we now？），是指看广告之前，观者对产品和服务现有的相关“认知与思考”。创意简报要描述消费者必须集中于有关产品的焦点，太广泛的消费形态描述，会让创意人员无从思考重点。清楚地描述消费者的生活形态、需求、态度、期望、欲求、担忧以及对商品的看法，是既有消费者、忠诚消费者、流失消费者、重度消费者、中度消费者还是轻度消费者……必须花费许多时间，去研究及发掘消费者内心真正的需求——洞察点，这也是影响他们的消费行为及心理最重要的因素。

“机会点”（Where are we going?），是指看了广告之后，消费者会如何重新看待及描述此产品或服务。撰写创意简报者要清楚，任何一个品牌都具有“产品功能”加“感觉印象”而形成的“品牌价值”。如何将消费者与“品牌价值”相联结，就是“创意简报”中最重要的部分！每一个品牌都有它最重要的“实质利益点”，因为品牌的“实质利益点”是真正完成“沟通概念”的基调、形态以及精神，是品牌价值的基因与灵魂。

图3-17所示为一份完整的创意简报。

项目名称：盼盼，法式小面包		工作编号：姓名 xxx 广告 xx 班　xxxxxxx	
品牌/产品：盼盼小面包		下单时间：　　　　交稿时间：	

项目类型：□策略/推广方案　□公关及促销活动策划　□总创意　□营销口轻优化□营销脚本　□软文□TVC
□单张　□海报/红纸　□折页　□条幅　□广告牌□报广□网络广告　□其它

广告目的：(这个广告做什么？引发什么？)
1、稳定盼盼小面包原有的知名度，扩大知名；
2、塑造面包的健康形象，
3、保护市场占有率，提高购买率；
4、使盼盼小面包品牌深入人心。

品牌个性：(这个品牌长期以来的调性和感受是什么？)
　　营养、快捷、方便、健康的面包没有什么特色，完全还是产品功能上的诉求没有上升至精神方面，这样很容易被其他产品所代替。

竞争分析：(对手是谁？他们卖什么？)
市场上的小面包企业中有：达利园蛋黄派、福马、好丽友、三辉麦风等
他们主要卖的是这：
　　一)、达利园，其品牌深入人心是食品市场的领军。有其主要走感情路线广告语："达利园蛋黄派，家家都喜爱"根据不同地区的消费者的不同的口味。
　　二)、福马走理性推广来感染消费者，广告语："好吃又实在"。
　　三)、好丽友以"友情无界限"为主题，广告语："好朋友，好朋友，"以友情打动消费者，吸引消费者眼球。
　　四)、三辉麦风以"三重营养"作为主题，广告语："鸡蛋、小麦溶入香滑牛奶，地道的法式香浓牛奶面包，当然麦风三重营养，三辉麦风。"从听觉、视觉上感受三重麦风的营养吃法。

消费者情况（洞察、分析）

1、目标消费者分析(他们是一群什么样的人？)
A、学生、上班族、一些喜欢吃甜食的人群；
B、不吃早餐的人士

2、消费者现在的态度(看到广告之前的常态)
盼盼是方便、快捷、营养、健康的面包。

3、消费者将来的态度(看到广告之后的变化)
幸福的味道就是盼盼小面包。

单一诉求(创意钥匙或按钮。期望消费者对广告的反应点是什么？)
消费者感受到的不仅仅是小面包吃的面是在享受一种幸福的生活。不仅在味道层面上让人心情愉悦，同时在精神层面上同样让人感到愉悦。

支持点(消费者凭什么相信你的讯息？突出重要支持点，弱化其它支持点。)
1、盼盼多年研发的精致面包，鲜奶和鸡蛋配方精心制作而成，富含丰富的蛋白质。
2、最大的优势是不添加任何防腐剂，采用自然发酵及惰性气体包装，其保存时间可达九个月之久这点突破常常用包保质期短暂的局限，盼盼获得"可以长期保存烘烤类小面包"这一项专利技术创新产品
3、包装是金黄色的诱人食欲
4、口味新颖丰富

创作要求(风格及调性。限制条件⋯⋯)
1、盼盼小面包促销活动少，影响力度不够；
2、广告投入不够。明星代言阵容力度小；
3、没有较好的品牌吸引力。

强调事宜(必要元素(如VI、BI、渠道提示语、免费条款、广电法规等不可遗漏的信息))
盼盼小面包幸福的享受，标志，广告语　认准盼盼

图3-17　完整的创意简报

3.7.3　创意构思的第三步骤：拟定创意概念

3.7.3.1　创意概念

　　创意概念是一种表现产品诉求点的角度，是在未发想具体创意之前就寻找最能打动受众的沟通角度的一个创意步骤。

　　创意概念，在广告行业中指"想法"和"意念"。从美国于20世纪60年代以Concept取代Idea开始，概念这个词在广告创意中开始广泛使用，指广告信息传达的基本想法、看法。广告创意概念是广告策略的凝练，是对事物总的特征的看法。创意概念是广告的核心诉求，一头连接着创意策略，另一头连接着创意表现。它相对比较抽象，隐藏在具体

的广告表现形式背后，但却是创意的重要内核，着重解决广告到底"说什么"这一首要问题。是从围绕品牌的产品或服务的市场要素中，解决"说什么"的关键词。"说什么"并不是表面化地说出该产品或者服务的品牌、质量、优点等，而是在明确广告的核心目标、品牌形象、定位，明确目标消费者的划分及特征，明确竞争对手的优劣势等基础上，大量地搜集相关信息，对市场环境进行深入了解，严谨地分析研究后，寻找到产品或者服务与消费者需求和利益的共同点，产生基本的核心诉求点，这就可形成明确的创意概念，它直接关系到广告诉求的正确与否。

　　如果说创意活动是现代广告营销传播运作的关键环节，那么，创意概念则是体现创意活动成果的关键点，是有效而且具有创造性的广告信息传达的精髓，是具体进行广告创作和执行的前提。大众传播时代的专业广告创意人的工作具体、明确，即发展创意概念、执行广告表现。创意概念为创意之根，大众传播时代的广告营销传播是以广告作品将品牌信息传递给目标消费者的。广告作品浓缩地表现着广告传播策略和广告创意概念。广告创意概念存在于广告作品中，又存在丁作品之外。说它存在于作品中，是因为优秀的广告作品无不深刻体现出耐人寻味的创意概念。说它存在于广告作品之外，是因为创意概念不是广告创意所表现出的具体的各个元素：既不是广告的文案，也不是广告版式的设计，也不是精美的图片加文字描述，也不是电视广告的视觉呈现、对白和音乐。它不是广告作品所呈现出的任何一种要素，而是关于如何传达广告传播主题的思想理念，是创意表现和执行过程的指路航标。创意概念是创意之根本，其目的是为广告主传播相关品牌信息。因此，在创意概念的整体发展过程中，广告创意人员需要牢记在心的是广告创意必须为广告传播目标服务，承担促进销售和完善品牌形象的责任，同时，广告创

意概念获得客户的认同非常重要，是广告得以面世的必经之路。也就是说，营销传播目标作为商业传播的目的性指标自始至终是创意概念的航向，而其中人为决策的因素使得创意概念必须考虑广告传播所涉及的各种因素——品牌、广告主、竞争者与消费者之间的关系，力求在获得客户充分认同的前提下，发掘创意概念，创造出更具竞争力和感染力的创意作品。

随着信息时代的到来，信息传播的速度大大提高，消费者每天都能接收到数以万计的信息，人们在享受如此发达的信息社会带来的便利的同时，与之俱来的问题和"副作用"是：汹涌而来的信息有时使人无所适从，从浩如烟海的信息中迅速而准确地获取自己最需要的信息，变得非常困难，导致人们对接收的信息会产生一定的抵触情绪；从企业的角度看，向目标受众传递精准的信息并让其记住变得异常困难，加上全球整合营销传播的广泛开展，对广告战略有了新的要求。在这样的背景下，创意概念在广告传播中起着至关重要的作用。

3.7.3.2 如何提炼创意概念

从广告创意的角度来分析，广告创意不只是寻求表现形式的突破，也不只是形象符号的创设，为确立广告产品的新市场、新价值和切入市场的新途径等而展开的广告概念的突破，才更具有创造广告实效的根本意义。广告人员在进行广告创意的阶段，通过对收集到的所有相关信息进行分析、寻找关键的文字或视觉概念来传达需要说明的内容。这一环节是寻找大创意的环节，又叫形象化环节或者概念化环节，是广告创作中最重要的一步。接下来是实施大创意的环节，即如何表现概念的环节。提炼广告创意概念不完全等同于寻找大创意，只有优秀的概念才能算得上大创意。但任何一个广告从业人员都应努力让提炼出来的创意概念能够成为大创意，因为一个能成为大创意的好概念将使广告战

略鲜活起来并经久不衰。

创意概念的制定是一个将复杂的广告策略分析变成简单有力的利益诉求点的过程，它是产品或者服务定位的关键词，也是对消费者利益承诺的关键词，它要求简明、准确。创意概念一般从产品、品牌、消费者、市场等四个方面进行挖掘。它既可以根据这四者综合提炼出创意概念，也可以根据其中某一点或两点来进行延伸，但不管怎样，创意概念必须是产品核心竞争力的浓缩。

（1）从产品或者服务定位方面来提炼关键词

我们可以从产品本身出发，研究产品的名称、包装、商标、制作工艺、独特的使用方法、价格等，从中寻找到能区别于其他竞争对手的信息来形成创意概念；也可以从产品或者服务的间接因素，如产品或者服务的历史、无法获得该产品或者服务而产生的不良后果等方面来思考创意概念。

在奥格威著名的"神灯"法则里面有这样一条戒律：若你的广告基础不是上乘的创意，它必遭失败。创意概念作为整个广告活动的指导核心，它的创意性是否够强将会影响广告表现及一系列广告推广活动的效果。相对于表现形式上的创新，概念上的创新则更有内涵和影响力，其流传时间也更为久远。绝对伏特加的广告一反传统烈酒以美女、硬汉作为广告诉求点的套路，创造性地将"ABSOLUT"（绝对）这个具有双重意思的词作为广告的核心概念（图3-18），在广告表现上，大胆地将造型并不算出众的酒瓶作为画面的主角，并在画面下方加上一行两个词的英文：以"ABSOLUT"为首词，以一个表示品质的词居次，如"完美"或"澄清"。更重要的是，在接下来的几十年时间里，以"绝对××"这个创意概念延伸出了包括重要社会事件、文化现象在内的几百种"绝对"创意。在这个大创意的思维下，坚持同一主题和统一的表现形式，从未加以改变，从而形

图3-18　绝对伏特加广告

成了具有丰富的义化内涵和颇具规模效应的系列广告活动,这种与视觉关联的标题措辞与引发的奇想赋予了广告无穷的魅力和奥妙。

从该案例可以看出,一个具有创意的好概念,也称为大创意,是能够为以后的广告表现创意提供足够大的容量的,有纵深发展和横向拓展的表现空间。在好概念的指引下,系列广告作品具备了整体性和一体化的特点,在市场上更容易形成系列效应和规模优势,并禁得起时间的考验。

(2)从消费者的利益方面来提炼关键词

产品能提供的利益是产品与消费者最直接的关联,所以我们可以从消费者需求的角度出发,寻找产品功能与消费者需求的利益点,如产品的便利性功能、产品的娱乐性功能、产品彰显身份的功能、产品的安全功能等。

(3)从市场的特征(环境)方面来提炼关键词

本章节前面曾提到,产品的生命周期分为产品导入期、产品成长期、产品成熟期、产品衰退期等阶段。根据不同阶段的市场特点,结合市场上竞争品牌的特点,找到能够表现产品的独特的、差异化的创意概念。这样的创意概念针对性更强,更易造就产品个性。

当年的大众金龟车在美国市场上销路不佳,伯恩巴克通过分析市场环境发现:美国很富裕,大部分人都迷恋豪华的大型车,他们对这种来自德国的小型车嗤之以鼻,但是大型车也有一些如"停车难""耗油"等无法避免的缺陷。通过对产品自身的分析,伯恩巴克在创作广告的时候,既认同美国消费者对金龟车的看法,同时巧妙地将金龟车小的特点转化为"停车容易、大街小巷无阻拦、维修保养容易、不过时、冬天开车很容易"等优点,这些都是美国人喜欢的大型车所没有的并且是他们梦寐以求的"优点",由此提炼出了"想想小的好处"的广告概念(图3-19)。在这一概念的指导下,创作出了"柠檬篇"、"送葬车队"等一个系列的优秀广告,最终成功打开了美国市场。

由此可见,广告策略和市场环境的分析对于创意概念的最终确立具有最直接和重要的影响。任何广告的最终目的都不是表现设计者的艺术造诣,而是为广告主赢得市场和获得利润。

图3-19　广告标题:想想小的好处

（4）从品牌利益的角度提炼关键词

现代生活的消费，不仅仅是针对商品符号，即能指的消费，更是针对商品意义，即所指的消费。正如美国学者J·伯德利亚尔指出的："现代社会的消费实际上已经超出了实际需求，变成了符号化的物品、符号化的服务中所蕴含的'意义'的消费。"这时候，品牌利益，即品牌独特的价值体验就显得尤为重要。品牌利益依赖于消费者对于品牌的整体认知。例如是什么把阿迪达斯和耐克、宝马和奔驰、伊利和蒙牛、可口可乐和百事可乐区分开来的？就是广告所表现出来的所指。从产品利益方面来看，它们几乎相差无几。在商品同质化严重的时代，产品以外的品牌形象成为了消费者追求的重要价值。

创意概念是广告创意的核，广告运动通过这个核爆发与辐射出去。创意概念是传播的切入点，是整合传播的内核。创意概念是品牌与产品在一个阶段的核心概念，是对品牌长期的创意方向或产品在某个阶段之创意表达的一个清晰界定。创意概念能引爆我们的创意灵感，为我们提供具体而明确的创意方向。

3.7.4 创意构思的第四步骤：创意主题的确立

在通过研究创意简报确定产品的核心诉求点和创意概念之后，应该再找出针对该产品核心诉求点以及创意概念的延伸角度——"创意主题"，然后以创意主题为基础再发想具体的创意。

3.7.4.1 创意主题实质

创意主题是创意概念的延长线。创意主题是将创意概念背后的策略思路传达为一个主题思想。这一思想是该品牌形象的最主要的个性特征，是产品或服务的定位及主要卖点，是消费者核心利益的概括性、生动性的表达。创意角度的重要意义是连接诉求点和创意点。

创意主题与创意概念的关系，可以用一个例子来阐释。我们在上一章节"创意概念"部分中提到："绝对伏特加的广告创造性地将'ABSOLUT'（绝对）这个具有双重意思的词作为了广告的核心概念"，在确立了这样的创意概念之后，绝对伏特加酒在广告推广中，始终以单一的印刷广告形式投向受众，广告主题包括绝对的产品、城市、艺术、节日、口味、服饰、影片、文学、时事等，成为了商品广告和流行时尚的综合体。这些广告主题就是根据具体的创意概念延伸出来的系列而统一的创意主题，以"绝对××"这个创意概念延伸出了几百种"绝对"创意。在"绝对"这个大创意的思维下，坚持同一主题和统一的表现形式，从未加以改变，这就是在创意概念的基础上延伸出创意主题的经典案例（图3-20）。

凭借着对创意概念和创意主题的完美运用，绝对伏特加以其独特而统一的广告形式向人们讲述了一个品牌的故事。"ABSOLUT"（绝对）这个名称，既是绝对伏特加的品牌形象，又是公司所追求的品牌目标。绝对伏特加广告以"独特的品位、卓越的艺术、非凡的手法"成功地塑造了一个完美的品牌形象，它不但成为了广告创意的经典案例，而且也

图3-20 绝对伏特加创意主题表现

图3-21　汰渍洗衣粉广告　　图3-22　碧浪洗衣粉广告

成为了无声推广的典范。

同一种诉求点的产品，创意主题会随着各自不同的创意概念而有不同的表现，可以用一个例子来说明。汰渍洗衣粉和碧浪洗衣粉分别做过诉求使用自己的洗衣粉可以将衣服洗得干净、洗得白的平面广告。尽管两者品牌不同，但因为是同品类产品，所以产品功能也高度同质化，两款产品的核心诉求点是一样的，但是两者的创意角度却大不相同。汰渍洗衣粉广告，其创意角度是：将洗后的东西比作常识里最白的东西（图3-21）。根据这个创意角度，它形成并呈现在我们面前的具体创意是：把洗得很白的床单挂成阳光的样子，达到初看是阳光、细看是床单的视觉效果，表达经过汰渍洗衣粉洗涤的物品可以和世界上最亮的东西——阳光一样亮、一样白。碧浪洗衣粉，其创意概念是：衣服脏了容易洗，所以穿的时候没有顾忌。根据这个创意概念，其最终发展完成的创意是：一个男人穿着白色礼服在满是油腻的厨房里炒菜。这个创意很清楚也很极致地表达了有好洗衣粉不怕洗不白衣服的概念（图3-22）。以上这两个例子很好的说明了同一个诉求点，由于有不同的创意概念，所以各自延伸出了不同的创意主题画面去说各自的特点。

3.7.4.2　创意主题表现

（1）创意主题一般以主题口号的形式出现。主题口号可以是产品广告语、品牌口号，或者阶段性推广口号。

例如蒙牛"特仑苏"牛奶的广告语："不是所有牛奶都叫特仑苏。"（图3-23）

农夫山泉，强调自己来自千岛湖，和其他纯净水有充分的区别。创意主题表现为：农夫山泉有点甜（图3-24）。

（2）创意主题有着丰富的内涵，可以衍生出系列创意，可以拥有多种形象，同时又保持创意本身。大部分优秀的广告表现，在一段时间里都可以浓缩成一个"关键视觉"，成为全部视觉的总和。我们通常也称之为"主题画面"。

以巧克力品牌士力架的电视广告为例，在"登山篇"、"林黛玉篇"、"划

图3-23　特仑苏牛奶广告

图3-24　农夫山泉矿泉水广告

龙舟篇"、"憨豆先生篇"等系列广告中（图3-25），广告人物因为饥饿而没有体力，搞砸事情的时候，都会出现一句响亮的广告语："士力架，横扫饥饿。"创意概念定位在快速补充能量、重现活力这一功能上，并以一系列的展现活力的剧情延伸成创意主题，而这一系列展现活力的剧情就是"主题画面"。

　　再以阿迪达斯三叶草在全国推出的电视广告《太不巧，这就是我》（图3-26）为例，广告以潮流前卫风格的画面为背景，以个性十足的青年为代言人，配上"太粉了、太粗放、太放肆、太浮夸、太假、太快、太呆、太娘、太man、太完美、太幼稚、太狂热、太懒、太怪、太晚……太不巧，这就是我"的文案。文案以连迭的系列的"太……"营造了一个成人社会喋喋告诫的氛围，以"太不巧，这就是我"彰显了主体的自信，不听人左右，保持真实的自我。"三叶草"品牌定位为追求自我、时尚与活力，一系列流行语指代的形象组成的主题画面，彰显了"三叶草"的品牌内涵与形象，引起目标青年受众的共鸣。

图3-25　巧克力品牌士力架系列广告

图3-26　阿迪达斯三叶草广告《太不巧，这就是我》

3.7.4.3　创意主题的标准

将创意概念发挥成一个优秀的创意主题口号，似乎是一件非常有难度的创意工作。这里有5点要求：

（1）通俗易懂，一目了然；

（2）是有关用户利益的描述；

（3）是新颖独特的表达；

（4）是可持续发展的空间与延伸；

（5）是企业形象与品牌形象的延伸。

3.7.5　创意构思的第五步骤：选择展现道具与视觉形式

具体的创意概念确立并且延伸拓展成创意主题之后，接下来就要进行具体作品的创意了。具体创意作品要选择具体的展现道具，匹配具体的视觉形式。具体创意作品是一个考验创意人功底的工作，因为一个创意是可以用不同的创意草图来表达的，创意人需要做的是选择最合理的道具，组织最简洁的画面，以达到使受众一目了然，明白广告人创作意图的效果。要做到让受众在短时间内有耐心看完投放的广告，并感受到其中"意料之中，情理之外"的创意点，创意人员首先要做的就是精简画面，画面中的道具要尽可能的少，这里的道具指任何出现在画面中的元素，包括一切人和物，无论是绘制的道具还是拍摄的道具，道理是一样的。另外一个问题是关于道具的选择。这里，笔者提出这样一个原则：选择道具时要尽可能利用其第一属性，避免使用一个道具的第二、第三属性。举一个例子，一个平面广告创意，画面中是一个发型时尚的年轻男子，要通过增加一个道具来表明其身处的时间是2050年或者类似这样的未来的时间，那么我们应该选用一张日历纸放在该男子身后的背景上，这样日历上的年月可以很清晰地告诉受众该男子所处的时间而没有任何疑义。同样是这个创意，我们就不能选择机器人之类同样有未来感但是属性较模糊的道具。在作品道具选择完成后，就要确定创意作品的视觉形式了，这是广告创意构思的最后一个环节：确定这则广告的视觉形式，也就是这个创意应该是拍出来还是找插画师画出来。主要注意两个方面：①广告的视觉形式要符合创意传达的信息，也要符合品牌的调性。②随着广告的发展越来越快，有越来越多的媒介的广告浸入我们的生活，受众对于广告的"天生的"免疫性越来越强，广告人应该考虑借用其他艺术门类的视觉形式来传达广告信息，而非一成不变地选择以摄影照片为主的视觉形式。广告人大可以选择国画、水彩画、油画等艺术形式来传达广告信息，这些受众平时接触较少的视觉形式容易使受众产生异质感，在一定程度上可以更有效地吸引受众的关注并弱化其对广告的免疫性。所以，广告视觉形式的选择要符合创意表达的主题，并适当考虑借用其他艺术门类的视觉形式。

至此，广告创意构思的五个步骤完成：第一步，认知产品和其市场，了解产品周期和创意策略；第二步，研究创意简报；第三步，确立创意概念；第四步，根据创意概念延伸拓展出创意主题；第五步，根据创意选择道具和视觉形式。这样的思考步骤建立在深入调研和长期经验积累的基础上，任何创意都不是依赖于灵感突现和一蹴而就，踏实积累、厚积薄发的创意构思方法更具科学性，在逻辑上也更严密，是经过实践总结的具有可操作性、可持续性的创意构思的具体流程。

3.8 思考题

（1）请准备一则幽默故事，并延伸出一个产品广告。

（2）请例举一则你认为最好的感性诉求广告，并剖析情感与产品的关联。

（3）假设有一个"康乃馨"牌的暖手炉，请以感性诉求的方式，写一段广告语。

（4）请以"农夫果园果汁饮料"为客户案例，写一份创意简报。

（5）请分析绝对伏特加广告的创意概念和创意主题表现。

第4章

创意思维

4.1 创意思维概述

创意思维是一种高级的思维形态，它既是指一种能动的思维发展过程，又是指一种积极的自我激励过程。广告创意是极富创造精神和创新能力的活动。因此，广告创意的关键是创意人员的创造性思维的培养。创造性思维就是主体在强烈的创新意识的驱使下，综合运用各种思维方式对头脑中的知识、信息进行新的思维加工组合，形成新的思想、新的观点、新的理论的思维过程。简言之，凡是突破传统思维习惯，以新颖独创的方法解决问题的思维过程，都可以称为创造性思维。这种独特的思维常使人产生独到的见解和大胆的决策，获得意想不到的效果。

4.2 创意思维的基本类型

创意思维具有形象性思维、分析性思维、开创性思维三种基本类型。

4.2.1 形象性思维

形象性思维是指人们通过可感知的具体事物形象，利用视觉、听觉和触觉对外界进行认知，进而对事物的色彩、形状、线条、结构、质感等表象进行分析，并结合联想、想象等方法对事物的这些表象进行分解、提取、重构，从而创造出完整的全新的艺术形态（图4-1）。

4.2.2 分析性思维

分析性思维，也称逻辑性思维，是人脑的思维活动的理性状态，是指经过仔细研究、逐步分析，最后得出明确结论的思维方式，是在已知条件或对象的基础上，对已经被证实的概念或规律再进行推理和判断，从而获得递进的思维模式，只有通过逻辑思维，人们才能达到对具体对象的本质把握，进而认识客观世界。在提炼创意概念的过程中，分析性的思维导向是基础和根本，即通过理性的寻找和发现保证概念的准确性（图4-2）。

4.2.3 开创性思维

开创性思维，是以独特新颖的方式解决

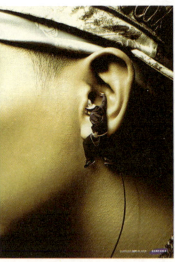

图4-1 形象性思维作品

图4-2　分析性思维作品

问题的认识过程，通过个体强烈的创新意识的指导，突破旧思路，把现存的信息重新组合，使旧元素得到组合、扩展与升华，从而得出新概念、新理论、新产品的高级思维活动（图4-3）。每一个优秀的创意的形成都不是单独一种思维形式的作用，而是以分析性思维和开创性思维这两种为主的多种思维形式共同起作用，只有这样才能挖掘出准确而丰富的广告创意。

图4-3　开创性思维作品

4.3　创意思维形态

创意思维包括意念、表象、意象和意境四种层次的形态。

4.3.1　意念

意念通常指某种念头或想法。它是一种观念性和思想性的东西，存在于创作者的头脑之中，具有无形性。在艺术创作中，意念是作品所要表达的思想和观点，是作品内容的核心。在广告创意和设计中，意念即广告主题，它是指广告为了达到某种特定目的而要说明的观念。它是无形的、观念性的东西，必须借助某一有形的东西才能表达出来。比如七匹狼服装，其广告主题是以"男人的世界"这个概念延伸出意境。任何艺术活动都必须具备两个方面的要素：一是客观事物本身，是艺术表现的对象；二是表现客观事物的形象，它是艺术表现的手段。将这两者有机地联系在一起的构思活动，就是创意。在艺术表现过程中，形象的选择是很重要的，因为它是传递客观事物信息的符号。一方面必须要比较确切地反映被表现事物的本质特征，另一方面又必须能为公众理解和接受。同时，形象的新颖性也很重要。广告创意活动中，创作者也要寻找适当的艺术形象来表达广告主题的意念，如果艺术形象选择不成功，就无法通过意念的传达去刺激、感染和说服消费者。

4.3.2　表象

表象是指经过感知的客观事物在人脑中再现的形象，是人脑对客观事物原型的反映和再现，指人在其知觉的基础上形成的感性形象。

表象是人们对以往曾感知过的事物的一种主观反映——印象，它不仅带有事物的客观属性，同时带有人的主观色彩。人们在认知事物时，总是要把自己的主观意识在事物客观真相的基础上进行尖锐化或整平化的加工，进而再造出事物的"表象"。如2008年北京奥运会的宣传招贴，分别采用独特的中国古建筑和传统的门神图案作为中国的表象，

图4-4 记忆表象

图4-5 想象表象

同时以奥运会标志的色彩和五环以及各种运动的动作作为奥运会的表象，通过二者的有机结合准确、恰当地表现2008年奥运会的中国特色。

表象包括记忆表象和想象表象。

（1）记忆表象（图4-4）：感知过的事物在大脑中重现的现象，具有概括性。

（2）想象表象（图4-5）：由记忆表象或现有知觉形象改造成的新形象。

4.3.3 意象

意象就是表象经过创作人员独特的情感加工而创造出来的一种艺术形象。意象需要表象来表现，才能为人们所理解。表象一旦经过创作人员独特的情感活动，通过联想、夸张、浓缩、扭曲、变形等手段进行加工，就形成了意象。广告创意其实是一个意念意象化的过程。

意象的创造方式大致有以下几种：

（1）变形

对意象的原型形象进行扭曲、变形，可以起到烘托、渲染主题的作用。文字、画面、声音、动作的变形都会使意象具有一定的神

秘感和奇妙感（图4-6）。

（2）拟人

拟人是指将事物人性化，赋予非人的事物以人格或人性的特征，进而使其人格化，将本来只属于人类的动作、神态、思想、情感等赋予物象，使本不具备任何情感和动态的事物变得和人一样拥有各种特质（图4-7）。

图4-6 变形

图4-7　拟人

（3）夸张

夸张是将事物的形状、大小、趋势作超常的夸大和延伸的一种修辞手法，在广告设计中，为了达到某种表达需要，常常会运用丰富的想象力对事物的形象、特征、作用、程度等方面进行有目的的扩大或缩小，从而使事物发生本质的变化，这种表现手法，我们称之为夸张。好的广告作品在创作方面要有独特的艺术主题和表现手法，在广告创作领域，创新性是对广告作品最本质的要求。在平面作品创作的过程中，凝练简洁的语言、鲜艳夺目的色彩、富有张力的图片是吸引大众眼球、增强广告效果的关键，元素的使用是为创意服务的，以创作出生动形象、鲜明醒目的广告作品，来达到良好的宣传效果。夸张创意是设计师经常使用的创意手段，广告作品中的"夸张"多是指"夸大"，设计师通过丰富的想象力有目的地放大产品的特征或者夸大产品功能来增强传播效果。无论是语言还是图形的使用，现代广告在设计过程中都将"夸张"的手法用到了极致，比如在戒烟的广告中，用直白的语言描述吸烟的危害，或者用触目惊心的图片展示吸烟的后果，其实都有一定的夸张成分在其中。在高跟鞋的广告中，运用夸张的手法，暗示穿了这样的高跟鞋会高大到耸入云端的感觉（图4-8）。夸张创意的主要目的是提高大众的关注度，使他们能够较快地接受广告主的传播意图，从而增强宣传推广的效果。

（4）借代

借代，顾名思义，是指不直接说出要说的事物，而是借用与该物有密切关系的事物来代替，或用事物的局部来代替整体，其中被替代的叫做"本体"，替代的叫"借体"。如图4-9中钳子与锤

图4-8 夸张

图4-9 借代

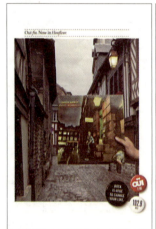

图4-10 拼贴

子是本体，而鱼和羚羊是借体。

（5）拼贴

拼贴是一种创作技巧，是指将多种材料、图片、肌理等元素不受任何限制地进行拼凑，并粘贴于画面之中，使画面形成层层叠叠的拼合效果（图4-10）。

（6）错位

错位是将事物自然状态的位置关系人为地改变，形成一种错位意象（图4-11）。

（7）嵌合

嵌合指在创意中根据广告意念表现的需要，将一个意象嵌入另一个意象之中，从而形成一个新的意象（图4-12）。

（8）比喻

比喻是一种常用于文学作品中的修辞手法。在广告创意中，比喻是一种利用人们所熟悉的事物或现象来表现广告主题的手法，特别是针对一些相对抽象的概念，利用简单的比喻，将本来不易理解的概念变为具象的形式来表现，在启发人们的思考和联想的同时，更有助于人们理解广告的含义。如图4-13中借助鸡与虾的形象暗喻产品味道的鲜美。

4.3.4 意境

意境是广告创意思维呈现出来的最终端的层次和形态。意境是艺术作品用意象反映客观事物的境界和情调，是作品呈现出的情景交融、虚实相生的形象及其审美想象空间，是广告作品的抽象内容，简单地说，是一种格调、品位，是衡量艺术作品质量的重要指标。如图4-14中美丽的口红和女性如花朵般鲜嫩欲滴，画面意境美好而悦目，吻合了商品的功能特征，也强化了女性形象的魅力和境界。

图4-11 错位

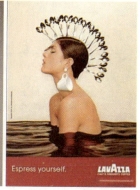

图4-12 嵌合

图4-13 比喻

图4-14 意境

4.4 创意思维的基本方式

创意思维的基本方式主要有垂直型思维方式、水平型思维方式、放射型思维方式、逆向思维方式、经验转移思维方式、头脑风暴式思维方式等几种。

4.4.1 垂直型思维方式

垂直型思维方式是指在以往的经验、模式的基础之上，按照向上或向下的、有顺序的、可预测的、程式化的方向和路线进行思索，运用逻辑思维在一个比较固定的范围内，对问题进行纵深挖掘，顺着一条思路一直往下延伸，直到找到问题的答案的思考方法，也是头脑进行自我扩大的一种有效方式。实际上，垂直思维也是一种逻辑思维，它具有严密的概括性。

运用垂直型思维方式的经典广告创意案例是海尔冰箱的广告，画面经过层层递进，垂直推理，最后以弹簧的形象表现出海尔冰箱的保鲜程度（图4-15）。

图4-15 海尔冰箱的广告

其垂直思维方式推导路线如图4-16所示：

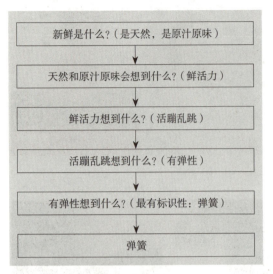

图4-16　垂直思维方式推导图

4.4.2　水平型思维方式

水平型思维方式和垂直型思维方式都是由英国心理学家爱德华·戴勃诺博士所倡导的广告创意法则，因此，这两种思维法又被称为戴勃诺理论。水平型思维方式又称横向思考法、侧向思考法，是指摆脱旧观念和旧经验的束缚，以全新的角度或方向对某一问题进行重新思索，以期找到突破口的思考方法。如图4-17中，用新鲜果皮以美丽的曲线缠绕女性身体，显示其产品清新的格调特征。

图4-17　水平型思维作品

4.4.3　放射型思维方式

放射型思维是由一个原点向四面八方呈放射状进行思考的一种更加不受束缚的思维方式。放射型思维又称辐射思维，是指从已有的信息出发，沿着不同的思维路径、思维角度，从不同的层面和关系来思考问题，以求得解决问题的种种可能的方法，并在此基础上优选出最佳的解决问题的方案。这种思路好比自行车车轮，许多辐条以车轴为中心沿径向向外辐射。发散思维是多向的、立体的和开放型的思维。美国心理学家吉尔福特的研究表明：与人的创造力密切相关的是发散性思维能力与其转换的能力。他指出："凡是有发散性加工或转化的地方，都表明发生了创造性思维。"

放射型思维致力于四种关系元素的寻找：

（1）相容关系：两者之间，后者属于前者，或被前者包含其中。

（2）相关关系：两者之间相关联。

（3）相似关系：两者在外形或本质特征上具有相近似的关系。

（4）相对关系：两者在外形或特征上具有相反的特征或含义。

（5）无关关系：两者之间无任何关系。

例如一款美发产品的平面广告，能够把刷子变成漂亮的金发（图4-18），还有什么样的头发不行？设计者利用不同的角度去表达美发产品的性能、质量，特意对两个或多个看似毫无关联的事物进行构想，引出无关事物间的特定关系，从而将这些事物变得息息相关，以放射型思维创造出令人惊异的构思。

4.4.4　逆向思维方式

在垂直思维方式和水平思维方式的基础上，创意思维逐渐衍生出逆向思维方式，逆向思维也称反向思维和求异思维，它是指人在思维过程中，对司空见惯的事物或观点通过相反

图4-18　放射型思维作品

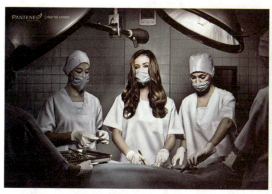

图4-19　潘婷逆向思维作品系列

图4-20　经验转移思维方式作品

的方式进行思考的一种思维方式。潘婷曾运用逆向思维方式创意了一系列的广告（图4-19）：本应是紧张忙乱的手术室，手术医师却保持着秀发的柔顺平滑；而在油烟遍布的厨房中，烹饪师的秀发依然保持着清洁和飘逸。

4.4.5　经验转移思维方式

在文学概念中，经验是指在社会实践中获得的知识、技能，即对感性经验的概括总结。广告创意中的经验转移法是指将客观知识或经验转移到其他事物上的一种思维方法（图4-20）。

图4-21　大众汽车"12生肖系列"广告

4.4.6　头脑风暴式思维方式

头脑风暴式思维方式又称脑力激荡法、集脑会商法、头脑风暴法、智力激励法等。头脑风暴法最大的特点就是运用集体智慧进行广告创意活动，即集体自由研讨，由两人或两人以上聚在一起针对某条广告的诉求主题共同构思创意。

头脑风暴法的特点：

（1）集体性创作。

（2）思考的连锁反应。

（3）禁止批评。

（4）创意的量越多越好。

（5）对创意的质量不加限制。

头脑风暴法的步骤：

第一步骤：选定议题，通知与会者。

第二步骤：运用脑力激荡。在运用脑力激荡时，必须遵循以下四个原则：

（1）畅所欲言，无论想法是多么幼稚，甚至荒唐，都可以照提不误；主张百花齐放，鼓励稀奇古怪的构想。

（2）强调数量，发表意见多多益善；求量为先，以量生质，构想越多，得到好构思的可能性越大。

（3）对于任何人提出的任何意见与想法都不能批评，也不作评论；拒绝任何批评，不许提出任何怀疑和反驳，以利于充分发挥每个人的创造性思维。

（4）集思广益，强调群体意见的相互启发与结合。要求综合和改进，鼓励在别人的构思上广泛产生新的构思。

第三步骤：筛选与评估，对头脑风暴过程进行总结和综合，形成创意。

图4-21中大众汽车的"12生肖系列"广告（图4-21）就显著地呈现出了头脑风暴式思维的效果特征，这一系列广告将大众汽车用拼贴和组装等手法化身成鼠、牛、虎等12生肖的形象，呆萌有趣又充满宏大的气势。

4.5　思考题

（1）请从下列意象中随意抽取3个，用独特的有意义的话串联成短文。

飞鸟　西瓜　向日葵　风筝　钢琴
鱼　大海　创可贴　小巷　太阳
刺激　沙漠　书　风笛　风　玫瑰
左岸咖啡馆　水杯　派克笔　石头
伞　罗马表

（2）请陈述自己童年时期最有创造力的一个故事。

（3）请以"网络"为题分别以放射型思维方式和逆向型思维方式做出思维导图，并各形成一份平面广告创意草稿。

（4）以"家"为公益广告主题进行"脑力激荡"会，并形成一份广告文案。

第5章

平面广告创意

广告媒体大致可分为两类：一类为印刷媒体，包括报纸广告、杂志广告、招贴广告、邮寄广告等；另一类是电波媒体，包括广播广告、电视广告及网络广告等。平面广告就是印刷媒体的主要体现形式。从19世纪下半叶开始，平面设计成为一门独立的学科，是以一种独特的语言进行沟通和表现的方式，主要包含包装设计、书籍设计、广告设计、招贴设计、品牌形象设计等，在社会发展和日常生活中起着越来越重要的作用，平面设计也就成为了人类生活不可缺少的一部分。

5.1 平面广告创意的构成要素

色彩、图形、文字是平面广告创意构成的三大要素。色彩包括色相、色彩明度和色彩饱和度，图形指图像和形状，而文字在平面广告创意中包括文字的排列和文字的内涵，文字内涵就是文案部分。

在平面广告创意过程中，作品最大的魅力在于能够吸引观众的眼球，新颖性和视觉冲击力是对广告作品最大的要求。广告设计师通过独特的表现手法将文字、图片、色彩等创意元素经过巧妙的艺术构思融合成一幅

精美的具有新颖性和艺术美感的平面作品，一个广告作品就此产生。下面将通过逐一地分析平面广告创意的构成元素，来理解和领悟平面广告创意的基本方法。

5.1.1 色彩

平面广告创意中第一个构成要素是色彩。

色彩是平面设计中运用到的最为直观的创意元素，不管是只有图片的广告作品还是只有文字的广告作品，对色彩的运用都极为讲究。色彩作为一种视觉语言，能给人们带来一种强烈的视觉冲击力，达到醒目的效果。色彩又包括色相、色彩明度和色彩饱和度等几种要素（图5-1～图5-3），色相、色彩明度和色彩饱和度的合理运用能够传递不同的创作情感和创作意图，可以起到配合宣传主题的作用。

比如在葡萄酒的广告作品中，多以红色为主要色彩，整体上偏暖色调，这也是产品的特征所决定的。在呼吁人们保护环境的公益广告中，多以绿色为主。每种色彩都代表着独特的意义，色彩运用的首要标准是符合传播意图和产品特征。

平面广告作品中色彩的调和非常重要，如何运用色彩来吸引大众的眼球是设计师必备的技能。颜色的明暗对比、冷暖色调的调和是

图5-1　色相

图5-2　明度

图5-3　彩度（饱和度）

色彩运用过程中必须重视的问题，设计师对色彩的运用应该遵循颜色搭配的规律，符合大众的视觉审美，色彩的运用对于突出广告作品的主题具有重要意义。

5.1.2 图形

平面广告创意中的第二个构成要素是图形。图形在平面创意中是指图像和形状。

（1）图像

平面广告作品表达传播意图最为常用的手段是对图像的使用。图像具有直观的视觉效果，便于观众理解作品想要传递的信息。图片的运用也符合人们的阅读习惯，人们的阅读习惯表明大众对于图像的阅读兴趣要远远大于对文字的兴趣，图像的趣味性更强一些，传播效果也要优于文字，因此，在平面设计中，广告的创意元素也多以图像为主。比如在节约用水的公益广告中，设计师常用一滴水和一片干枯的大地来构思画面，简洁直观。

（2）形状

在运用图像元素设计广告作品时，要注重图像的尺寸，位置摆放，还有构图，图像的尺寸和构图会影响作品的美感，位置摆放恰当有利于突出广告主题，具有艺术美感的图片能够增加作品的张力，对于产品的推广具有不可估量的作用。这就涉及平面广告图像本身的创意以及图像按照怎样的规则形成具体形状，也就是平面广告的图形创意。

5.1.2.1 图形创意规则

在图像的形状创意中，主要的手法有次序、整体、对称、平衡、韵律、对比、调和、比例等，每一种形式都会产生不同的效果，都承载着传递信息时能够先声夺人的功能，给观者极大的视觉享受和碰撞视觉产生的火花的愉悦感。

（1）次序

美的主要形式是次序。一个杂乱无章的空间，经过设计和井井有条的安排，会变得整齐美观（图5-4），次序由自然生成，并存在于大至宇宙，小至

图5-4　次序

图5-5　整体

生物，直至原子和质子的世界当中，因此说，整个世界都是被赋予了次序的世界，所谓形式美，应该是以次序为前提而产生的，它由于被赋予了次序而获得创造，也由于置于无次序状态而遭到破坏，因此，也可以说，美就是次序，丑就是无次序。

（2）整体

版面编排的目的就是把各种设计要素组合在一个整体之中，使之在整体中发挥各自的作用。整体是与局部相对应的，整体的统一性并不否定局部的多样化，而只是要求局部服从和服务于整体。在整体的布局之下，各个局部都有相对的独立地位。局部与局部之间，其地位又各有差异，次要的局部还是要服从和服务于主要的局部，以突出重点（图5-5）。

（3）对称

对称是日常生活中常用的名词，在自然界，对称的现象和状态很多，大多是左右对称，不论其形态如何，若能构成对称，就会令人产生一种次序感（图5-6），一般所讲的对称有左右对称和辐射对称两种。

（4）平衡

平衡又称均衡，是指在部分与部分的力量之间，有一个支点支撑，达到力的对等状态，例如天平。对实物来说，平衡是指物体间实际重量的对等关系，而在广告的版面上（图5-7），平衡并不是实际重量的对等，而是在视觉上对形象的轻重、大小、材质所作的判断，是主观感觉上的对等。

（5）韵律

韵律是艺术的一种基本表现形式。韵律原指诗歌的声韵和格律，它加强了诗歌的音乐性和节奏性。这里所说的韵律是指韵律感，它反映了次序与协调的美。在版面编排

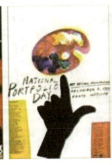

图5-6　对称

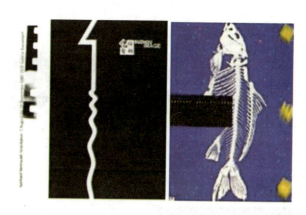

图5-7　平衡

上，虽然没有诗歌所表现的那种听觉上的韵律（图5-8），然而依据视线的移动以及运动感，也能显示出韵律来，韵律，可借用规律性的"反复"和"突变"而加以表现。

（6）对比

韵律不是简单的重复，而是对比双方的重复，前面提到的关于韵律的例子有这样的对比：夏天与冬天，白天与黑夜等，所有生动的现象都与对比有关。这个基本的自然法则同样反映在我们的思想和美学观点上，对比的目的，是让形象更加吸引观众的视线，引起观众的注意。

对比手法是平面设计中最常用的一项技法，在图形创意中，顾名思义，就是把具有明显差异、矛盾和对立的双方安置在一起，

进行对照比较的一种视觉表现。在安排上还要符合逻辑和完整统一性，形成相辅相成的艺术效果，能够充分表现事物与事物的矛盾，但又形成统一的模式，凸显事物的自身属性，加强平面设计的艺术效果和视觉冲击力。对比又分为主次对比（图5-9）、大小对比、粗细对比（图5-10）、明暗对比、疏密对比（图5-11）等。

最能够产生强烈对比的就是图形创意表现形式中的正负形，可以将两种不相干的事物完美地进行结合，通过图形的相互依存、相互衬托，来暗示两者之间的关系，以完美的视觉形象传递信息，打动和冲击人们的眼球。例如世界著名的"鲁宾之杯"（图5-12），中间黑色部分是杯子，视线转移到负形上，

图5-8　韵律

图5-9 主次对比

图5-10 粗细对比

图5-11 疏密对比

黑色上呈现出相对的两张脸。还有日本的福田繁雄的招贴作品、伊朗德黑兰海报双年展作品、IBM正负形广告等。这样的图形之间相互穿插的强烈的对比变化，产生了奇特的视觉冲击力。以格式塔心理学来解释，人们感知客观对象时，并不能全部接受其刺激所产生的印象，总是选择和感知其中一部分，这样，在对比强烈的图形中，突出主题，就能够使人的视觉集中在主题上，从

鲁宾（Rubin）之杯

图5-12 正负形

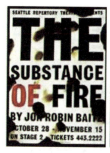

图5-13　调和

图5-14　比例

而产生冲击力。

（7）调和

所谓调和，是指具有多样性的各种设计构成要素通过统一而产生的协调状态（图5-13），单独的一条线和一种颜色，无所谓"调和"，而对于两种颜色，就产生了是否调和的问题。同时，如果两种以上的要素完全统一，固然不失调和，但也必然属于"单调"之列，因此，良好的调和，通常在各部分之间既有共性又有差异的情况下才能获得，而当差异超过共性时，"调和"即转化为"对比"。

（8）比例

比例，又称比率，是指部分与部分、部分与整体之间的数量关系，广告的版面编排要想取得良好的效果，就要使各个设计要素，包括图形、商标、文字等，都在版面上具有良好的比例关系（图5-14），一般来说，比较重要的、需要强调的，所占有比例要大一些，次要的，所占的比例要小一些。关于比例，还有两点需要注意，一是版面的长宽比例问题，二是比例的反常问题。

5.1.2.2　图形创意的形式

平面广告的创意最终要落实在视觉的构图编排中，构图有许多类型，这是由广告的内容、编排的形式美原则、构图的方法等因素共同作用、互相影响而最终形成的综合效果。现将几种常见的类型简要介绍如下：

图5-15 直立型

（1）直立型

具有安定感，是一种稳定的构图方式，引导观众的视线自上而下移动（图5-15）。

（2）水平型

安定而平静的编排方式，引导观众视线左右移动（图5-16）。

（3）倾斜型

使插图和文字呈现倾斜状态，是一种富有动感的构图方式（图5-17）。

（4）平行型（图5-18）

图5-16 水平型

图5-17 倾斜型

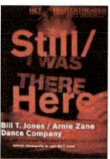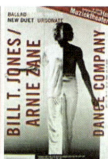

图5-18 平行型

　　有垂直平行、水平平行、倾斜平行三种。

（5）对角线型

　　在版面的对角线上安排广告要突出的重点（图5-19）。

（6）交叉型

　　垂直线与水平线相互交叉的排列方式（图5-20）。

（7）放射型

　　利用放射线可以使受众的视觉产生向心感和扩张感，使多种要素统一集中于一个视觉中心，具有统一综合的视觉效果（图5-21）。

图5-19 对角线型

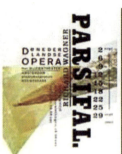

图5-20　交叉型

图5-21　放射型

（8）圆周型

以圆周占据主要版面，其他要素分布在圆周内外（图5-22）。

（9）三角型

在图文形象中，正三角形产生稳定感，倒三角形和倾斜三角形则会相应地产生活泼、多变的感觉（图5-23）。

（10）S字型

图文排列呈S形或者反S形，节奏优美，可增加视觉上的流动感（图5-24）。

（11）分散型

将各要素分散在版面的各个部位，以各施所长（图5-25）。

图5-22　圆周型

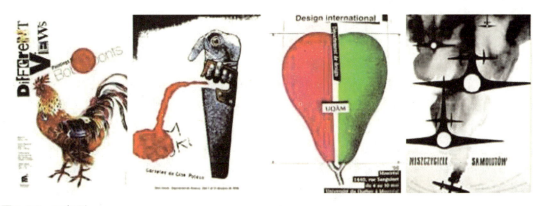

图5-23 三角型

图5-24 S字型

图5-25 分散型

（12）空白型

图形置于版面某一点，标题、文字编排紧凑，留出大片空白，给人一种轻松的感觉，同时促使注意力向主题集中（图5-26）。

5.1.3 文字

平面广告创意中第三个构成要素是文字，文字包括文字的字体与文字的内涵两部分。

图5-26 空白型

5.1.3.1　文字的字体

文字的字体涉及文字的形体和文字的排列。文字是广告版面的一个局部，而文字这个局部，又可细分为许多小局部——单字。这些单字如何适当地组合，使之既符合广告内容的需要，又符合形式美的原则，就是文字排列要解决的问题。一般说来，主要考虑汉字的排列问题、拉丁字的排列问题和文字的排列格式等。为了使文字的排列在准确传达信息的同时，又能有利于版面的美化，可以打破传统的方块形排列格式，而采用比较灵活的排列格式。图5-27所示分别是文字齐左、齐右、齐上、齐下、居中、倾斜、沿形、多向和跳动几种排列方法。

5.1.3.2　文字的内涵（文案）

文字的内涵主要是指文案，文案又包括标题和内容。

在现代平面创意中，文案创意是关键。广告文案是平面广告作品的重要组成部分，平面广告中可以没有声音，没有画面，没有语言，但是一定要有文案。广告文案在广告作品中不仅起着画龙点睛的作用，而且是作品的一部分，是信息的主要载体。平面广告文案具有以下几种内涵：广告文案应该是广告作品中的语言文字部分；广告文案是依附于广告作品而存在的，而不是与广告运作有关的所有文字方案，比如广告策划书、媒体计划书；报纸杂志等平面广告的文案主要体现在文字上，广告文案在平面创意设计中的作用显得极为重要。广告文案在整个平面创意设计中有时会起到解释说明的作用，让受众更加容易地理解广告所要传达的信息。

在平面广告中，一则完整的广告文案主要包括标题、正文、广告口号、附文（或随文）四部分，简单地概括为文案标题和内容两大部分。

（1）文案标题

文案标题是每一则广告作品为了能够传递

图5-27　文字的字体和排列

最重要的或最能引起读者兴趣的信息，而在最显著的位置以特殊的语气或特别的字体突出表现的词语或句子，是对广告文案主要内容的高度概括。广告标题一般放在广告的最上方、最显著的位置，是整个广告最重要的部分。广告标题将广告中最引人注目或最重要的信息富于创意性地表现出来，进而使我们的读者能继续关注正文。人们在阅读广告文案时，对标题的关注度很高，特别是在杂志、报纸等选择性和主动性相对较强的媒介上。

（2）文案正文

平面广告文案的正文是对广告标题的解释，或是对所宣传的产品（服务）的详述，按照标题所承诺的事项仔细而认真地写好第一句话，如此写下去，直到把标题中蕴含的内容全部写完。广告正文主要分为开头、中间和结尾三部分，开头主要是接着标题来写，中间部分主要是描述广告产品相关信息，结尾部分主要是进行号召。广告口号也叫广告主题句、广告中心词、广告标语等，是企业为了加强受众对企业及商品的一贯印象，在广告中长期反复使用的口语化的、能充分体现商品特性或企业理想的句子。广告口号上要具有信息单一、内涵丰富，句式简短、朴素流畅，反复运用、印象深刻等特征。

附文也称为随文，是广告文案中的附属部分。附文一般用于提供广告主或经销商、零售商以及促销活动的信息，以便于消费者进行咨询。附文主要包括品牌销售地址、销售联系方式、活动方式和日期等。附文有助于将读者的兴趣和欲望变成具体的行动。

在平面广告设计中，由于受到版面的限制，因此对于文字的内涵要求极为严格，文字力求简练，通过极其简单的语言来表达传播意图，独特的文字魅力能够给观众留下深刻的印象。广告文案的写作应力求简约，用惜墨如金、一字千金来表示广告语对语言使用的苛求是毫不过分的，往往一句极妙的广告语，甚至寥寥几个字，就可在短暂的瞬间

发出夺目的光彩。比如联想的广告语："人类失去联想，世界将会怎样"，借联想对人类的积极作用，表达企业的地位和价值。问句的形式引人思考，触发联想，短句铿锵有力，容易记忆（图5-28）。美廉美连锁超市的广告语："美的不只是商品，廉的绝对是价格"，用"不只……绝对"突出表现了美廉美的从业信念：商品最美、服务最美、价格最廉。语句简短而含蓄，耐人寻味。

图5-28　联想广告

在平面广告的文案创意中，语言凝练是最基本的要求，除此之外，幽默风趣对于广告文案的创意也很重要，语言的幽默可以增加广告作品的文字魅力，使作品耐人寻味。比如雅虎的一则平面广告，广告语："别拿自己不当干部!中国雅虎，站长天下!"这个广告文案的语言极为浅显，通俗易懂，意在说明雅虎网站给网友提供了一片自己的天地。"别拿自己不当干部"由"别拿豆包不当干粮"这句俗语引申而来，还有热播的同名电视剧，这句话在大众之间流传极广，广告语一出，自然引发受众的共鸣，起到良好的推广效果。

女性卫生用品七度空间有一则广告语是这样写的："一不坐，二不休。"这句广告语创作的源泉是俗语"一不做，二不休"，语言精练，朗朗上口，只是将"做"换成了"坐"，产品用途就立刻体现出来了（图

图5-29 七度空间广告

5-29）。在媒介技术日益发达的今天，观众接触到的信息越来越丰富，也更加新颖，落于俗套必然会引发受众的反感，难以吸引他们的注意力。在文案的写作方面，创意者应该重视对文学艺术的使用，可以采用象征、双关、比喻等多种手法增强文案的魅力。

（3）平面系列广告文案

在平面广告中有一种平面系列广告形式。所谓平面系列广告，是指在同一广告策略指导下，经过统一策划后连续发布的主题、风格相同，画面、文字内容有所变化的系列广告作品，数量一般为3个或3个以上。如世界

闻名的绝对伏特加系列（图5-30），不仅在广告创意上体现出系列性，在文案上也具有统一性。

系列广告的目的是从不同的角度和深度，全方位、多角度、全过程、立体化地表现广告的中心主题，进行全面的信息宣传，扩大其市场影响力。系列广告文案的特征有以下四个方面：

一是内容的相关性：

系列广告文案的内容有一定的关联，有统一的定位，或是以一个主题为中心，从不同的侧面对同一广告信息用不同的表达方式来不断深化。

二是风格的一致性：

系列广告的设计都具有统一的风格，呈现出一种鲜明的风格特性。不论是同一种产品的系列设计，还是同一类产品的不同型号的系列设计，都要求在风格上具有一致性，和谐统一，具有强烈的整体性与视觉性。

三是结构的相似性：

系列广告文案的结构是相似、相近甚至是相同的。区分系列设计和单个设计，最重要的标志就是看设计的结构在表现上是否具有一定的相似性。

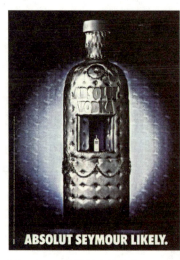

图5-30 系列型广告文案

四是系列文案表现的变化性：

在系列文案的表现中，虽然主题、风格相同，但它们并不是对同一则广告作品进行简单的重复，除了信息宣传方面的变化以外，系列设计作品之间最大的差异是表现的变化，其中包括标题的变化、正文的变化以及画面的变化等。

以系列广告文案的信息为标准来分类，系列广告文案可分为三种类型：信息一致型、信息并列型、信息递进型。

第一种：信息一致型

一致型是指系列广告的所有作品都传达完全相同的信息，但采用不同的方法来表现，可以将一个广告的信息内容通过不同的角度反复地表现，使广告受众对广告信息产生刻骨铭心的印象。

第二种：信息并列型

信息并列型是指部分系列文案将同一主信息分解成不同侧面的分信息，通过系列的形式加以表现，从而使广告受众在连续阅读的过程中对广告信息的各个部分有全面的了解。

第三种：信息递进型

信息递进型是指系列广告传达彼此关联层层递进的信息。这种类型适合企业产品的发展进程，或者具有悬念型的广告，使广告受众对广告信息不断深入地理解。

平面系列广告文案的创作表现与单个广告文案有所不同，尤其在创作步骤上区分得较为明显。

第一步：研究广告主体的广告目的、广告策略、广告计划等方面，在平面创意和表现的规定性策划中，决定是否运用系列文案形式。

第二步：在决定运用系列文案形式之后，对广告主题信息的各方面要素进行有机的分类。分类的原则是信息层次的同一性和各个信息含量之间的均衡性。

第三步：在决定系列文案的总信息和各个单则文案分类信息的基础上，进一步决定系列文案的整体表现风格、语言特征以及画面的构成，以形成一个系列整体。

第四步：进入每个单则文案的具体写作后，文案人员要运用语言符号，对前面所规定的信息传播任务、风格、特征等各个方面进行到位的表现。

第五步：在单则文案完成的基础上，进行系列文案的整体协调、配合和整合。因此，系列广告文案在画面构图、语言表现、风格体现等方面应该是统一的，但也要注意统一中有变化，变化中要统一。在平面创意设计中，广告文案的创作要注意语言的相互呼应和风格的一致性，同时也要注意信息的完整性，不能够遗漏任何一个重要的信息。除此之外，还应根据产品或企业的自身特点，选择适合的表现方式。在系列文案的创作中，最为重要的是创造新的方式，唯有创新，才能激发活力，在众多创意中占有一席之地。

NIKE是常采用系列广告形式并且运用得很成功的品牌（图5-31），我们可以以NIKE系列文案为例，来分享系列广告文案的几种特性。

系列一："跑了就懂"系列

（1）决定你能跑多远的，不是规定，更不是年龄，而是你自己。

（2）看不见眼前的路，并不代表没有目标。

（3）自己率性的另一面，不迈开脚步怎

图5-31　NIKE广告

么会看到。

该系列表面上看，和跑步相关。实则也指人生路途。不仅指我们能够跑的距离，还指人生的攀登。不论有什么规定，不论多大年龄，自己才是最终决定未来能够走多远的人，暗示了人不要拘泥于现实的束缚，只有自己能决定旅途的终点。

系列 的文案暗示了在黑暗中，没有出路时，人会彷徨、无措，但只要我们的目标依旧清晰，让自己心神向往，那么，路总会走出来的。"路"，既包括了字面意义上的马路路途，又包括了抽象意义的人生路。只有不断前行，才会发现自己的多样化，潜能才会被激发，优秀的自己才会觉醒。

系列二：打破借口系列

（1）总有那么几个人，借口没有运动细胞，屁股好像和椅子上辈子就约好了永远不分开。其实每个人生来就是运动员，没有缺少运动细胞的人，只有缺少运动精神的人。

（2）被窝，是全世界最温暖的地方。它只有一个缺点——不便携。但有一样东西比被窝更好，那就是运动。被窝里的温暖只是暂时的，而运动能让你每天都保持活力。

（3）下雨没心情，阴天没心情，刮风没心情，湿漉漉也没心情……下雨并不是阻碍，阴天也不必宅家中，刮风是你的助力，运动会带给你正能量。

（4）叫醒运动青年的是生物钟，叫醒懒虫青年的是闹钟。不过，即使没有定闹钟也没关系，分配好时间，你一样能打破借口。

该系列，关注生活中的小细节、突发状况，"缺乏运动细胞""被窝""下雨""阴天""刮风""时间少"往往成为人们在生活中不去运动的理由。NIKE通过逐一地攻破具体细节，旨在告诉人们：不要让借口变成自己的阻碍。我们应选择正确、健康的生活方式，而不是舒服的不健康的方式。

系列三：活出伟大系列

（1）伟大，不仅仅是聚光灯下的他们，

更属于镜头外时刻追寻梦想的每个人。

（2）伟大有时意味着完成不可能的任务，而有时候玩的开心就行。

（3）只要有梦，就要努力追寻。那无数的汗与泪、倦与乏，它们阻挡着也见证着，纵然你不是巨星，伟人依旧。

（4）伟大不是流水线上的产品，只要遵守所有程序就能不断复制。想成就伟大，你需要做的就是按自己的规则出击，坚持用自己的方式去追寻。

该系列，将目标聚焦于普通人。不同的例子，不同的出发点。伟大，是普通人望尘莫及的渴望，而NIKE将伟大的定义扩展到追求梦想的每个人，激励大众去追求自己的梦想。人生，需要不停地挑战自己的极限。但人生也是一个体验生命的过程，过程怎样是最重要的。能够将不容易的人生走得开开心心的，是一种伟大。伟大不应拘泥于大众意义，不应是少数人的专项权利。历史的发展虽是受到少数人的影响，但却是由多数人创造的。每个人都能做到属于自己的伟大。

NIKE通过一系列的手法，将系列广告文案的内容的相关性、风格的一致性、结构的相似性、文风的变化性等特征突出地表现了出来。

5.2 平面广告的创意基本理念

在当今信息社会，平面广告设计在信息传达、产品运营、品牌推广、文化建设等方面仍然发挥着重要作用。读图时代，不断发展的视觉媒介技术以及大众消费文化不仅影响着人们的视觉审美和价值导向，也影响了平面广告设计的传播效果。在当代的多元文化背景下，应勇于打破绘画、电脑等技术手段之间的隔阂，尝试平面与立体、空间与时间、静态与动态的图形互动和转换的可能性。平面广告创意的基本创意手法包括形象概括化、营造联想性、运用传播性、主题寓意化、具象形态的抽象化表现、几何图形的多样化、文字符号的图形化处理、利用凝练简约的图形创意加强瞬间记忆的创意理念等，下面将进行具体的介绍。

5.2.1 形象概括化

图形是最具优势的传播语言之一，图形语言是具有直观性且有助于传播的视觉语言，相比之下，在信息传播、交流的过程中，文字经常受到民族、地域等因素的制约。图形能够承载丰富的信息，可以通过或间接、或直接甚至真实的形象（摄影、摄像手段产生的图形）传递信息。图形是对具象事物的凝练，将复杂的事物根据其自身的特征提炼、概括为最简洁的形体，将无关的元素去掉，以最简洁的图形表现设计意图。简洁的形体更具视觉冲击力，更便于突出作品主题。

5.2.2 营造联想性

图形符号以视觉语言直观地表现主题，建立在视觉经验的基础上，综合科学技术，采用间接的象征表现方式，传达人的思想观念和精神理念的变化。图形符号是连接信息与受众的纽带，它以最直观的形态表现主题，并通过作用于受众以往的视觉经验，展现更多层次的视觉主题。图形创意具有想象的空间，可以调动观者的视觉经验，激发受众的潜意识诉求，使受众产生联想，达成心理上的共鸣，从而对商品采取行动。不同的社会环境和生活阅历都是导致视觉传达差异的主要因素，不同的人对同种图形的感受是不同的，所产生的传达效果也各不相同，这是图形最具代表性的部分，可以运用图形的这一特征营造观者的联想性。

5.2.3 运用传播性

图形符号的传播要依赖于传播媒介，通过传播媒介的显现及其速度发挥相应的作用。随着电子技术的发展，传播媒介的涉及面也越来越广，图形符号也由原来静态的语言向多媒体方式延展。图形阅读比具象文字内容更具有传播性和审美价值，基本的视觉语言经过抽象化的处理，增强了自身的可看性，在传播过程中具有引导和发展艺术的责任，同时也起到了审美教育和引导的作用，所以才有了"读图"艺术的应运而生。图形是平面广告创意的重要构成要素，在平面广告创意中更要利用图形的传播意义。

5.2.4 主题寓意化

图形创意就是在追寻"言有尽而意无穷"这样一种境界。所以图形创意不仅要有主题性，更要有深远的寓意在其中，才能回味无穷，才能使人去仔细琢磨、流连忘返，这就是常说的"图必有意，意必深刻"。利用寓意深刻的画面，可体现出对观者的尊重，更使观者获得一种视觉体验，让其有所思考、开拓思维，引领人们进入另外一种思维空间，解开图形创意的内涵和本质属性，揭示真理和深刻的寓意，给人类启发，从而实现传播信息功能的最大化。冈特·兰堡的"土豆"系列作品（图5-32），就在第二次世界大战时期代表了德国的民族文化，不仅仅有奇特的创意，还富有视觉效应和深刻的内涵。图形创意拥有深刻寓意的主题性并不是凭空出现的，而是通过表现形式才能更完善地表现出主题。同构的表现手法，就是对一个物象或形状图案的结构进行巧妙的改变而使另一个物象图形表现出来。打破自身原有的属性，创造出另一个图形，给人一种熟悉而又新颖的视觉效果，创造出新的寓意。例如金特·凯瑟在法兰克福爵士音乐节的一张海报中用树皮制作出乐器小号的模样，树侧长出一支嫩芽（图5-33），展现出了新的寓意，传达了新生代音乐的主题。他的一张反法西斯的海报中将和平鸽与骷髅同构，由此表现出"为什么和平还未实现"的主题，寓意深刻，又让人陷入沉思，触动人类的心灵（图5-34）。

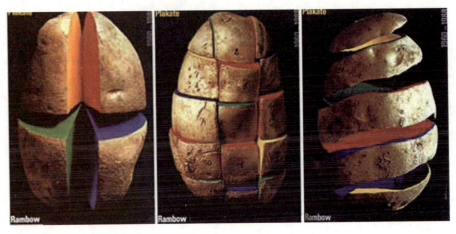

图5-32　冈特·兰堡的"土豆"系列作品

图5-33　金特·凯瑟爵士
音乐节海报

图5-34　金特·凯瑟期
待和平海报

　　除此之外，还可以运用正负形，反映一种事实和社会现象，巧妙而又简洁地表现出值得人思考的含义。还有很多方法都能用于体现图形的内涵，例如拟人、夸张、比喻、借代等修辞方法。不管用什么方法，图形创意始终是最有代表性和说服性的传达信息和视觉交流的方法。

5.2.5　具象形态的抽象化表现

　　所谓抽象形态，是指从自然形态以及具体事物中抽取出来的相对独立的本质属性。平面广告设计中的抽象，是对具象事物的概括与描述，进而表现出更深层次的思想活动，是超脱自然形态的人为形态。它不能直观地展示形态的含义，是一种意象、感觉。抽象形态在平面广告设计中主要是以几何形态展开的，几何形体本身就具有抽象性，归纳来看，就是将点、线、面作为最基本的造型单位构成的一些基本的图形，通过线条的排列、颜色的变化、不同形状的组合传达作者的情感。

攀越高峰 突破人生

图5-35　吉普汽车广告

具象形态相比抽象形态来说缺少一定的形式美感，同时也缺少一定的视觉张力。抽象形态是对具象形态的整合与概括，是摆脱实际形态的限定，对事物重新进行提炼、描绘，使其符合形式美的法则。将具象形态进行抽象化表现是从人的视觉心理出发，将其美的共性抽象出来。运用基础元素（点、线、面），通过大小或者排列的疏密表现图形不同的个性特征，力求使受众在最短的时间内读取画面信息。所以，在视觉对心理进行诱导时，要除去视觉上无用的信息，增加抽象图形的符号化处理，传达主要意图，删减琐碎的信息，对人们熟悉的事物与日常生活景象进行高度概括，并通过不同的设计原理，将直观、抽象的视觉形象转换为设计语言，加强图形语言在平面广告设计中的表达。例如吉普汽车的招贴海报（图5-35），仅仅用了一把钥匙进行图形的置换创意，留下大量的空白，就能呈现出车的性能。在平面广告创意中，对具象形态进行抽象化处理，提取具象形态的本质特征，运用简单的几何抽象形体传达画面含义，使广告简单易懂，具有更强烈的形式感和视觉表现力。

5.2.6　几何图形的多样化形式

几何图形相比具象形态稍显单调与呆板，所以在图形设计与编排上要尽量采用多样化的设计方法，运用形态多样化的叠加，使其更具现代感与艺术效果，或者运用其他图形创意方法，如：图底转换，使其产生正负形的变化，增强视觉趣味；一形多义，同异关系相互对应，给人无限的想象空间；夸张变形，运用丰富的想象，突出事物的本质特征，强调图形化的视觉效果。图形的异化、变形都可以使形象更为强化，并使人产生强烈的视觉印象。在广告设计中可以采用不同的图形处理手法，如形体的叠加、变异、正负形的处理等，丰富画面的视觉效果，使其产生强烈的视觉冲击力，例如银行的标识大多为简单的几何图形结合，以便不管什么阶层的人都能理解的麦穗、古钱币等图形的意义，将标识清晰明了地表现了出来。

5.2.7　文字符号的图形化处理

文字相对于图形来说更具准确性，文字本身具有图形化的视觉特征，对文字进行图形化处理有助于增强画面的视觉效果，使其具有直观性和趣味性。在文字图形化的处理过程中，应注意遵循形式美法则，注意画面的秩序性，根据文字的不同形态展开设计，可以强调整体文字造型，对其进行笔画的合理变异，以突出平面广告创意构想；可以在文字结构上进行处理，改变文字之间的疏密关系，使整体结构富有变化，加强文字个性；也可以在构图排版中对文字进行设计，使其服务于整体的空间结构，引导观者的视觉，更好地突出画面主题。所以，平面广告创意中对文字进行图像化处理，可丰富画面的视觉效果，进而传达出创意图。

5.2.8　图形凝练简约化

现代的平面设计中有很多色彩斑斓、图形丰富的画面，人们早已看惯了纷繁的世界，一种新的视觉形式给人焕然一新的感觉，就是简约的图形创意。纷杂的图形拼凑在这张画面里，人们只能注意到作品的信息量很大，但很难在其中找到主题，而简约的图形创意给人一种言简意赅的视觉效果。视觉直观地传输到大脑中，进行判断后能够深刻存留在大脑皮层的神经元细胞中，使人产生瞬间的深刻记忆。由于社会经济的加速发展，人们的生活节奏也随之加速，不管是在上班的步行中还是行车中，人们都无法也没有时间看那些繁杂的设计海报，如果将简约的图形展现在大家面前，根本不需要浪费时间去仔细观察，就可以在转瞬之间看到准确的信息。凝练简约的图形创意具有意义明确且意味深长的特征，如果表达准确，能给人带来回味无穷的感情因素，促使人们瞬间记忆后还可以在闲暇时间细细品味。Curtis水果茶广告招贴（图5-36），一组海报只用了水果和茶包表现其主题，无一文字。在这样的图形创意大战趋势下，对商场的营销也有很大的帮助，人类在急需购买商品时会第一时间搜索到自己大脑中存留的品牌，进行消费。

此外，平面广告创意也可尝试以绘画、装饰、涂鸦、类像、摄影等方式进行，图形创意可以融合运用解构、分解、注入、并列、并置、拼贴、嵌入、错位、嫁接、投射、交替、割裂、错位、压缩、互旋、粘结、重构等方式，构成交叉性的视觉景观，以实现平面广告创意的最佳表达效果。

5.3 思考题

（1）请简述平面广告创意的构成要素，并分别理解各个要素在广告创意中的作用和意义。

（2）请以"红砖咖啡"logo设计为题，分别运用对称型、空白型、直立型、三角型构图方式做4张平面广告构图草稿。

（3）请以"红旗轿车"为题，拟写一份平面系列广告文案。

图5-36 Curtis水果茶广告

第6章

影视广告创意

6.1 影视广告的概念

影视广告是通过电影电视播映进行信息传达的广告形式。由于影视广告就是通过电影或电视播放的，是既可以看到影像，同时又可以听到声音的广告，所以影视广告具有很强的综合性传播功能，传递速度快，传播范围广大。由于现代科技的发展突飞猛进，使得现在的影视媒体愈发方便人类，推陈出新，尤其是影视媒体，由于在传播上的诸多优越性，变得越来越神通广大。此外，影视广告的概念还包含着另一层含义，即用电影制作的手段来拍摄的电视广告。

6.2 影视广告的分类

根据播放性质划分，可分为电影广告和电视广告。

按制作方式划分，可分为电影胶片广告和录像带广告。电影胶片广告是用35毫米或70毫米电影胶片摄制而成的广告片，英文为Commercial Film，简称CF。录像带广告是利用录像磁带摄制的广告，英文为Vedio Taper，它有即时重播的特性，而且磁带可以重复使用，具有制作成本低，制作周期短等特点。

按广告传达内容的不同可分为商业广告和公益广告。商业广告又可分为商品广告、企业广告、促销广告三种。商品广告是以介绍、宣传产品为主要目的的广告。企业广告是以塑造、推广企业形象为主要目的的广告。促销广告是告知商家促销活动信息的广告，如展销、降价、有奖销售等活动的广告。

按照广告诉求内容划分，上述所有的广告形式又统分为理性诉求广告和感性诉求广告。

根据影视广告生命周期的不同阶段划分的话，影视广告又分为开拓期广告、竞争期广告和维持期广告。

6.3 影视广告的特征

影视广告融色彩、声音、图像和文字于一体，作用于受众的视觉、听觉乃至知觉，使受众在感受、接触和体验的过程中产生认同心理，影视遂称为最理想的、最受大众欢迎的传播媒介，在广告媒介中独占鳌头。

6.3.1 影视广告优势

（1）多样化的表现方法和综合性的传播手段

影视广告不但可以向受众详尽地介绍商品的各种性能，而且能形象、直观地将商品的外观及包装特点逐一展现在受众面前，从而最大限度地诱导购买。同时，影视将空间艺术、时间艺术的表现形式集于一身，构成了声形色并茂，视听动兼容的综合性传播手段，因此具有无可比拟的优越性。

（2）传播穿透力强，信息覆盖面广

影视，尤其是电视广告，利用光电转换系统传播信息，不受时空限制，将各种信息及时传播到覆盖区域之内的每个角落。因此，传播迅速，有着很强的渗透能力。

（3）视听相结合，富含冲击力

图像的运动是影视媒体的最大的特点。资料表明：人们在同时接收视觉符号和听觉符号与只接受听觉符号或视觉符号时，产生的效果有所不同。同时接收视听符号，3小时后能记忆传播内容的90%，3天后能记忆传播内容的75%；只接收视觉符号，3小时和3天后能记忆的传播内容分别是70%和40%；只接收听觉符号，3小时和3天后能记忆的传播内容分别是60%和15%。

（4）影视广告体现社会文化属性

影视的收看方式比较随意，以个人或家庭形式进行。尤其是电视，基本上是一种家用媒介，它的节目，一般来说，锁定的是家庭观众，使得电视广告具有了家庭文化属性。它运用声画组合的表达方式传播特定的广告信息，具有短暂、松散、明确以及风格化等特点。连续活动的画面能够从各个方面展现广告商品的特性，使观众宛如身临其境；面对面的播送，如同与观众亲切交谈，既直观形象，又富有人情味。

6.3.2 影视广告的局限

（1）制作复杂，成本高

在所有广告媒介中，影视媒介的费用是最高的。这是由于影视广告设计制作涉及面广，编排一部有一定情节的电视广告片需要美工、文字、音乐、音响、演员、导演、灯光、摄像等各方面的齐心协力，并且需要一定的时间，再加上播放费用也很高，这是财力有限的广告主企业难以承受的。

（2）画面不连贯，信息不完整

在影视节目中，则广告信息通常稍纵即逝，一般只有几秒到十几秒的长度，还没等观众看清楚，就过去了，难以一次性给观众留下清晰、深刻的印象，而一旦错过，观众又无法立刻重复收看。另一方面，电视广告以插播的方式播出，经常破坏观众的收看情绪，易使观众产生逆反心理。强制接收的广告信息超过一定的限度，观众"忍无可忍"，就可能换频道，导致接收信息的不完整。

6.4 影视广告的构成要素

影视广告由映像、声音、时间三大要素构成。我们通过对这三大要素的分析、理解，来掌握影视广告创意的要领。

6.4.1 映像

在影视广告中，映像通过具体变化的形与色传达信息内容，主要体现在构图、角度、色彩的结合运用等方面。

6.4.1.1 构图

影视广告就是由一幅幅画面构成的，想要保证整个影视广告比较完美，那么就要对每一幅画面进行完美的刻画，与此同时，还要保证各个画面之间的有效连接。首先要做的就是尽最大努力对画面内容予以简洁化，在一般情况下只用一些单一的画面作背景，这样做不仅能够增强整个的画面的吸引力，还能够有效地将画面主体注意力进行凝聚。然后，就要对画面的均衡感予以考虑，这在很大程度上是一种形式上的感觉，也是一种习惯性的感觉，例如对于只有三条腿的凳子极为不适应，对于上大下小的房子具有非常强烈的不安全感等。因此，均衡感在很大程度上是受众的主要美感之一。因此，在影视广告的构图中，创作者要对视觉空间中的明暗区域、色彩以及形状进行合理的安排，这样做的主要目的就是使其能够相互补充，以此达到一种和谐的状态，满足受众的要求。

著名的洋酒品牌——轩尼诗（Hennessy）在2016年做出的创意广告片确实另类（图6-1），光怪陆离的画面，似是而非的字幕，加上让人说不出感觉的背景音乐，这些另类的元素组合出的这条广告片确实让人有点摸不着头脑。不过当我们找到执导此条广告片的导演时就恍然大悟了，Nicolas Winding Refn这位导演最擅长的就是把控另类元素，他的作品风格大胆，用奇特的视角展现商业元素，画面中透着一股神秘的色彩。他的广告片都是用画面来说话，没有多余的旁白，这样的风格也深得欧美奢侈品大牌的青睐，是把构图、色彩、角度、光线各个元素运用到极致的典范。

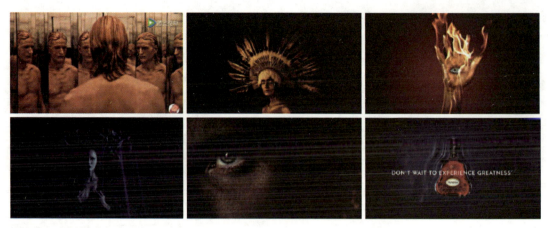

图6-1 轩尼诗（Hennessy-Each drop of Hennessy X.O）导演：Nicolas Winding Refn
（欧美）

6.4.1.2 角度

在映像领域中，角度经常被顾及，对于一个具有立体性质的物体，无论创作者从哪一个角度进行拍照，都能够获取不同的效果，因此，在进行影视广告创作时，选择一个好的角度具有非常重要的作用。首先就是要进行创新，在影视广告中，摄影不只是对物体进行实体记录，更为重要的是将物体最美的一面表现出来。与此同时，创新就是在原来的基础之上将美提高一个级别，以此将美融入到影视广告中去。然后，就是通过对不同角度的选择，将思想表达出来，因为创作者所进行的不同角度的拍摄具有不同的思想内涵。例如对于宝马X系越野车与奔驰Smart这两款车，不能用一种角度进行拍摄。宝马X系越野车主要的摄影角度为车子的前方坐下的位置，以此来凸显车子的高大威猛；而对于奔驰Smart而言，就要选择全方位的角度进行拍摄，以此来表现车子的造型以及活泼的性格。

6.4.1.3 色彩

影视广告作品中色彩的运用也是非常体现创意水平的一项展示，过去的影视作品的色彩主旋律是黑色与白色，现在对于彩色的运用具有突破性，这就使得影视广告作品显得更具有真实性，虽然黑白具有一定的艺术感，但是要给受众一种强烈的视觉体验，彩色在这方面就显得更有优势。在影视广告中，色彩能够呈现出时间与空间的转换，色彩在创作时是被当作一种渲染工具来使用的，创作者通过这种色彩的渲染来达到特定的艺术效果，尤其是那些通过色彩来传达产品的性质的影视广告。例如世界知名的德芙巧克力（图6-2），如果只用黑白两色，是很难将这个产品的性质表现出来的，如果在画面中凸显巧克力色，会在很大程度上使人的唇齿间产生一种温暖的感觉，通过视觉的表现，将巧

图6-2 德芙巧克力广告

克力的味道传递给受众。在进行影视广告的画面图像构造时，色彩在其中起到了非常重要的作用。当影视广告中的画面还没有达到一种完美的平衡时，就能够通过色彩的有效搭配来进行这一缺憾的弥补，或者当影视广告中的画面在整个构图中不是那么突出的时候，也可以通过影视广告画面构图的方向来进行反方向的画面色彩渲染。例如美国苹果公司旗下的产品iPod，我们能够看到，在广告中所运用的色彩几乎是反相模式，在活跃的Rapper身上，白色的iPod非常抢眼，这会给受众一种强烈的冲击感。

在影视广告的创作中，有些时候为了迎合创意，需要将影视广告中的色彩几乎全部剔除，在需要表达的部分用单一色进行夸张的表达，我们在很多摄影作品中能够看见此类表达。例如在某一幅摄影作品中，整个画面的背景是黑色的，只有作品中的女子的嘴唇鲜艳欲滴，这就使我们在欣赏完整个作品后，留在脑海里的只有那张鲜艳欲滴的嘴唇。这种技巧在影视广告中也被广泛地运用起来，例如三星的UHO电视（图6-3），为了能够凸显电视的蓝色屏幕，在广告中，刻意将画面

中所涉及的物体都变成了深蓝色背景，以此来凸显这款三星电视屏的色彩属性。

6.4.1.4 光线

在进行影视广告的创作时，构图中，光线所占的比例是相对比较大的。在影视广告中，构图主要是对画面的美感进行增强，而光线主要是对画面中主体的细节进行刻画，只有这样，构图才能够具备一定的独特性，但是如果没有处理好画面中的光线，那么这件影视广告作品仍然是一件失败的作品。因此，对于光线的运用，将会直接影响影视广告作品的成功与否。在不同的影视广告中，所需要的光线的表达方式也不同。例如在大多数的洗发水广告中，需要将光度提高，并通过明暗之间的差别来进行"靓丽黑发"效果的传递。再如很多品牌洗发水的广告，为了能够有效地提高头发的光泽度，在广告中提高了亮度，但是这样呈现出来的效果不仅会使头发显得比较干燥，并且还会使这个广告缺乏一定的真实性，这个广告在很大程度上就是失败的。由此可知，合理有效地运用光线，对于广告而言，具有决定性的作用。

总之，在进行影视广告映像的创作时，

图6-3　三星UHO电视广告

构图、色彩以及光线都具有非常重要的地位，并且这三者缺一不可，因此，创作者在实际创作影视广告的时候就要对这类技巧进行严格要求。但是在影视广告创作中只关注这三个方面而不重视画面主体的话，仍然算不上一件成功的作品。所以，在创作的时候要对影视广告的全面性进行把握，使其画面感能够时刻保持在一个好的状态，这样拍出来的作品才是成功的。

6.4.2 声音

作为影视广告的重要表现手段之一，声音是影视广告中不可或缺的重要组成部分，作为一种可以在人们心中有效地形成空间形象的手段，声音在影视广告中能够起到增强画面的真实感、丰富信息传递、烘托氛围、扩展视野以及加强画面感染力、表现力的作用，与视觉画面在共同构筑银幕空间、推动叙事发展、增强艺术形象塑造等方面有着相辅相成、互相补充、互相结合的同等重要的地位，是现代影视广告中必不可少的组成元素。语言作为影视广告的重要组成部分，在引导人们接受商品信息方面发挥了重要的作用。

影视广告中的声音又包括语言、音乐及音效三部分。

6.4.2.1 语言

语言指影视广告中的人物形象的所有声音，与视觉形象相呼应，语言的音色、音高、节奏、力度所形成的整体，就是所塑造角色性格的声音形象。语言主要包含对话、独白、解说词三种形式。对话是指广告画面中人物、动物等主题形象的语言，对话作为人物内心世界的表达，通过超时空叙述更深刻地揭示角色的思想情感。独白有两种形式，一种是表现人物内心声音的独白，另一种是在非叙事时空中表现人物或叙事者对事件的评价。解说词是指画面外播音员的语言，是在非事件空间中的创作者对事件空间内所发生的事件的画外音评价解说。

影视广告需要的时间，多数广告主都选择在1分钟以内，常用的是30秒，这就需要在创意上情节紧凑，意图鲜明，在有限的时间里，表达准确的意思。其中，通过声音的抑扬顿挫来强调信息的重点，通过声情并茂来打动听众，而语言在传达信息的过程中发挥了重要的作用，它弥补了画面的不足，即用听觉来补充视觉不易表达的内容，揭示和深化主题，进一步强化品牌或信息内容。语言的作用有三方面：

（1）影视广告语言强化了商品的功能

影视广告有时候靠音乐、画面和文字还不能很好地诠释商品，广告配音可说出广告的重要内容，是受众获得信息的重要渠道，也是辅助画面的重要手段。一个经典范例是"蓝天六必治牙膏"的广告，运用了颇具本土文化意味的京腔作为广告的语言表达方式：

画面：清晨，一位身材胖胖的40多岁的爸爸形象的男人，肩搭一条毛巾，手拿刷牙缸，来到院子的水龙头前，和一个八九岁的胖男孩儿，在刷牙的同时向大家介绍他们自己爱用的牙膏，典型的父子形象。

画外音：牙好，胃口就好，身体倍儿棒，吃饭倍儿香，您瞅准了，蓝天六必治。

父子俩你一句我一句，具有很强的感染力，配音语言虽然充满本土方言的味道，但是清晰易懂，让人们很快地记住了这则广告。由于与画面的形象十分相称，产品在人们心中留下了深刻的印象，多年来，它一直被奉为合理语言作用的代表性影视广告作品。

Keep的首支品牌广告片《自律给我自由》在2016年首次出现的时候（图6-4），几乎刷爆朋友圈，被公认为迄今为止最燃爆的中国品牌广告片，这个片子的制作班底——来自德国的著名广告导演Matthias Zentner团队，他算得上是和中国品牌合作最为紧密的欧美导演。这条品牌广告中运用语言的手法十分突出，最后的字幕意味深长，令人感慨，它

图6-4　Keep首支品牌广告片《自律给我自由》，导演：Matthias Zentner（德国）

刷新了中国品牌单条电视广告片制作成本的纪录，看得出中国品牌愿意花更多的费用来支撑自己天马行空的想象。

（2）影视广告语言生动了商品特征

配音员的声音表达方式是多样的，温柔亲切、幽默诙谐、煽情夸张、恐吓、欢快热情、雄浑大气等，不同的表达方式，传递了商品的不同特征。如美国联邦快递的影视广告，片中为了突出联邦快递公司的服务质量——实效性，让演员说话语速飞快，他像个机械人，说话没有换气、不带停顿，这种声音叙述形式很诙谐，很夸张，对受众来说，这种创意也足以引起他们对这则广告和这个商品的兴趣。由此也体现出，语言在诠释

商品特征方面起到了一定的作用。2016年由中国台湾导演罗景壬主导的"豆瓣"品牌片（图6-5），整部作品的语言就如同"豆瓣"一贯的格调，充满了一股浓浓的文艺气质，同时还带有台湾小调的味道，你看不出一个完整的故事，通过一股意识流在主观视角的镜头中间游走，凸显了豆瓣的品牌调性。豆瓣的第一条品牌片就这样在台湾著名广告导演罗景壬的手中变得如此与众不同。

（3）影视广告语言为广告角色塑造形象

"奶茶——我选优乐美。"这是优乐美奶茶的一句广告词。

影视广告画面中周杰伦与一美女并肩坐着，每人手里捧着一杯香飘四溢的奶茶，伴

图6-5　豆瓣《我的精神角落》，导演：罗景壬（中国台湾）

图6-6　优乐美奶茶广告

如POLO汽车广告"石膏篇"，整个广告无任何配音和解说：早晨一位白领男士在十字路口看着报纸，当他抬起头时发现走在身边的每个人的脖上都裹着石膏，使他非常诧异，正当他疑惑不解时，一辆红色的POLO汽车从画面上一闪而过，主人公猛地一回头，接下来的动作则是捂着脖子。答案不解自破了，全是它惹的祸。用脖子问题来显示POLO的回头率之高，此创意实在巧妙。如今人们就是喜欢新鲜、新奇的事物，出乎意料的结局、搞笑的表情会在大脑中留下深深的痕迹，回味无穷，产品的特性表露无遗。片中的广告语更是贴切："时尚外形，固定你的眼球！"

韩国化妆品品牌Hera曾启用韩国一线女星全智贤演绎广告，在这条2016年由韩国最知名的广告导演Yu Gwang Goeng执导的国际范十足的广告片中（图6-7），宽幅的画面配以时尚的背景音乐，没有多余的画面旁白，干净的手法反而使得商品颇有国际一流大牌的气势。

影视广告因内容、样式、形态的不同而具有不同的风格。某种风格的出现不单单与画面、文字、蒙太奇等要素有关，也同语言有着不可分割的联系。具有纪实性特征的影视，各自的声音处理方式都不同，而且它们是完全没有联系的。语言的另一个重要作用

着窗外纷飞的雪花，一幅浪漫十足的景象（图6-6）。

画外音：

女：我是你的什么？

男：你是我的优乐美。

女：原来我是奶茶啊？

男：因为这样，我就可以把你捧在手心。

感人、温馨的表白把广告角色诠释得淋漓尽致。

（4）无语言形式的运用

还有一种影视广告中无语言的形式：整个广告中没有出现任何语言，仅仅指无声状态的广告词，非无音效，广告仅以音乐、画面、文字的方式出现，但是"无言胜有言"。

图6-7　赫拉（Hera）广告片导演：Yu Gwang Goeng（韩国）

就是烘托气氛，比如群情振奋、热血沸腾就是气氛的一种，这种效果甚至无需让现场观者具体领会其中要义，所以说，语言不仅可当作背景，提供音响效果，甚至可以表达出时代感。

6.4.2.2 音乐

音乐是以声音为表现手段，用组织音构成听觉意象的艺术表现形式。相对于影视艺术来说，音乐艺术是一门年轻的艺术，在无声电影时代，音乐的发声打破了电影画面沉闷无声的局面，进入到有声电影时代，影视音乐的创作更是以井喷式的速度发展，在影视广告中最深沉、最复杂的思想情感面前，当人声、音效、台词都显得苍白无力时，音乐往往凝结着影片中感情的共鸣和精神的升华。影视广告音乐具有以下的作用：

（1）抒发情感

音乐在传情达意上的表现力几乎是无限的，音乐神奇的魔力就在于它可以通过人的大脑和耳朵，将原本听觉上的感应转化为视觉的认知，而随着音乐的变化，如同影视中不停地移动、切换、转场的画面一样，人们所感知的视觉也在不断地变化。在抒发感情上，音乐比音效更加形象，在空间造型方面的效果，比人声和音效更具体、更真实、更易把握。一些经典的影视广告镜头，都是通过音乐，把气氛营造得更加深沉、浓郁。南方黑芝麻糊的经典影视广告（图6-8），一出场就借助深深的巷子里的音乐声营造了温馨而又久久令人感慨的情愫……

（2）参与叙事

在以声音调动观众情绪方面，音乐也是非常具有优势的，在特定的情况下，相比较而言，运用音乐渲染、营造气氛比纯粹的画面效果更好，能够轻易抓住观众的心理。很多经典影视广告作品都很擅于运用音乐参与影视内容的叙事。如百年润发洗发水的一则影视广告（图6-9），在出场时以悠长回旋的京剧配合古典的画面，恰当地表现了身处复杂环境中主人公的内心世界，也对观者的情感升华起到了推动作用，从而使影片的主题思想和人物情感得到完美的呈现，在参与影片叙事的过程中，音乐本身有时候会起到叙事者的重要作用。

（3）营造想象空间

因为抽象性是声音所具备的特征之一，所以声音给人的感觉是富有美感的情绪而不是抽象的概念，每位观众都可以根据自己的体验，志趣和爱好对声音展开联想，通过联想来补充、丰富画面，使画面更加生动，更富有表现力。空间上的造型功能是声音所具备的。

（4）塑造影视广告主题风格

影视广告制作中，声音所具有的特殊地位和独特的表现力是由表达形象的特殊性决

图6-8 南方黑芝麻糊广告

图6-9 百年润发广告

定的。试想一下，同样的风景画面，配上不同的音乐，清新的、静谧的、梦幻的、紧张的、恐怖的等，给人的感觉截然不同，这正是音乐改变了影视广告风格的典型表现。音乐是影视广告的重要组成部分，不论是欢乐喜悦的旋律，还是悲伤忧郁的乐曲，都体现了影视广告的主题思想，引导了影视广告的风格，创造了影视广告主题的意境。

6.4.2.3 音效

音效指的是声响效果。广告画面音效简称"音响"或"动效"，主要指在广告中与视觉画面相配合的，除人声和广告音乐以外的其他声音。作为影视广告中极其重要的声音元素之一，音效在增强画面的真实感、加强画面的表现力、揭示事物的本质上有着极强的表真、表意、表情的效果，可以在内容和形式上起到烘托、补充、流畅影视广告的作用。影视广告画面音效的作用具体表现为以下两点：

（1）营造逼真的环境

声音在影视作品中所起到的基本作用是营设画面环境的现场效果，借以提高画面的真实感和生活气味，增强画面的感染力。在影视作品中，声音理应成为一种表现艺术创作的手段，成为嵌入影视作品的一种艺术细胞，而不是单纯地模拟自然的声音，配合画面上已有的事物发出的声响。我们生活的世界是一个被无数声音所充斥和环绕的空间，如果想要表现出一个山林万籁无声的情境，单纯的无声不是最好的表现方法，就如同那句古诗所表现的一样："鸟鸣山更幽"，需要在寂静的山林中添加几分自然的声音，如几声鸟叫等，正是由于音响的正确嵌入，影视作品才愈发显得完美。作品也是随着技术的发展而加入音响后才会变得真实而贴切。作为人类重要的信息来源，声音在日常生活中随处萦绕，充斥在生活的各个角落，是我们自身通过感受存在、发展、变化而获得最终结论的依据。声音在影视作品中具有多重作用，不仅让人有身临其境之感，而且具有扩大画面空间，表现不同时间、空间感受等作用。

（2）表达角色内心世界

作为表现人物角色内心的一个重要手段，音效在影视作品中具有积极的作用。在影视作品中，经常用于增强和衬托人物心理的手段就是音效，例如要表现人物焦灼的内心效果，常常用放大的水滴的声音，要表现人物内心挣扎的效果，会用巨大的飞机或者汽笛的声音等。影视作品中的音效还具有传情表意的作用。音效不仅是作者内心世界的表达，还是对生活声音的再现。在影视作品中，音响的恰当使用往往会产生余音绕梁、回味悠长的效果。我们用耳朵不只会听到流水和风吹树叶的声音，而且还会听到爱情和智慧的热情的音调。中国本土影视作品《西游记》之所以经久不衰，引起数代人的关注，和它完美地运用了音效也有很大的关系，比如孙悟空大闹天宫后被压在五行山下的一瞬间，天宫里飘来紧凑的琵琶声，冷风呼啸混合着琵琶回旋，这些音效强调了齐天大圣悲壮的情怀。观者感知和体验世界的方式是听和看，但是听和看的关系并非听觉是视觉的附庸，而是声音往往可以弥补视觉的欠缺，表达视觉影像所不能体现的生活内涵，某些时刻，音效还可以形成一种幽默感。《西游记》虽然不是广告影视作品，但是，它的一些纯粹的音效成为了人们时常哼唱的朗朗上口的小曲，所以后来被广泛地运用在影视广告之中，也正说明了它的脍炙人口和普遍受欢迎的特征。

影视广告中的声音这一要素，又细分为语言、音效和音乐三种，这三种相互依存、相互渗透、相互结合的元素共同营造了声音在影视广告中的特殊情绪和空间艺术，在扩大视野、展示空间、声画印证、渲染气氛等方面起到了很好的作用，给影视广告的创意带来了很大的自由空间。

图6-10　斯柯达（Skoda-Yeti）广告导演：孔玟燕（中国台湾）

6.4.3　时间

"时间"在影视广告中，一方面是指影视广告片本身的时长，另一方面还是指它的内容所反映的历史时光。作为影视广告，时间无疑是重要因素，离开了时间因素，广告信息就无从传达，影视广告以时间来架构和传达讯息有三重含义：顺序、长短、深度。

顺序：广告讯息出现的顺序不同，其显示出的含义也就不同。

长短：讯息出现的时间长短给人的感受和印象深浅不同。一般来讲，同一个讯息（某一画面或声音），如果出现的时间长、次数多，就容易给人留下深刻的印象。整体的影视广告的时间越长，相对来说，信息含量就会大一些；时间越短，则包含的信息相对就少一些。

深度：广告讯息还要展现内容本身反映出来的时间，也就是历史时光，指的是时间的深度，深度和顺序、长短都息息相关，三者要结合运用和考虑。

中国台湾导演孔玟燕执导的斯柯达品牌片（图6-10）就表现出了对"时间"这一元素的多重运用，就像百事可乐在2016年春节推出的六小龄童代言广告一样，勾起了70后、80后对于青春的回忆，当年的古惑仔如今都已过不惑之年，当他们在影片里团聚一起有说有笑的时候，80后的观众们都激动不已，过往的青春岁月，热血伴着背景音乐沸腾了，这种情愫，加上最擅长拍出细腻情感的台湾著名导演孔玟燕的精心雕琢，成就了这个品牌大片无懈可击的完美。

6.5　影视广告的表现形式

一部影视广告能否吸引、取悦观众，最终是由其表现形式决定的。因此，采用何种表现形式是广告传播中关键的一步。

6.5.1　纪实式

广告以纪实性新闻报道的形式出现。其前提是：广告的信息是真实的，广告的信息在某方面具有新闻价值。新闻与广告，观众更愿意相信新闻。

2016年拍摄的《我是谁》纪实性公益广告（图6-11），传达的是中国共产党执政为民的理念，特别是在建党95周年之际，这一部包含无私奉献精神的创意作品，多维度地展示了各个行业党员的精神风貌，文案煽情而不做作，画面细腻而不拖沓，确实是迄今

图6-11　庆祝中国共产党成立95周年公益广告《我是谁》导演：郭育明（中国大陆）

图6-12　兰芝（Laneige-BB Cream）广告导演：Hwang Beom Seon（韩国）

为止形象片制作的最高水平，中国大陆知名广告导演郭育明又恰恰擅长深情叙述式的创意风格，所以此形象片一经推出，就在微博、微信上获得一致好评。

6.5.2　明星式

由知名度高的人士向消费者推荐的方式。明星式广告在电视广告中是最常见的。它的影响面广，影响力强，借助于明星的知名度，可以提高产品的身价，借助于明星的示范效应，形成一种消费时尚。

采用明星式广告要注意以下问题：

（1）广告产品必须与选用的明星有关联，不要让明星去做与他毫无关联的产品的广告。

兰芝（Laneige-BB Cream）作为韩国化妆品的大牌，邀请了2016年最火的韩剧《太阳的后裔》的女主角宋慧乔，再加上韩国最擅长拍摄明星的广告导演Hwang Beom Seon，让这部广告片很快火了起来（图6-12）。

（2）产品或诉求对象要与明星的崇拜群体相一致。

美特斯邦威这个休闲服饰品牌一直将主要消费者定位为18～35岁的追求活力与时尚的人士。美特斯邦威曾将三位品牌代言人集体变身为"时尚顾问"，他们为消费者预测每一季的时装潮流，并为其提供整体的着装指导。这在整个服装界绝无仅有。尽管只是一个虚拟的身份，但"时尚顾问"将美特斯邦威的产品销售由传统的推销式转为了顾问式。这象征着品牌与消费者的沟通与互动，拉近了与消费者的距离。美特斯邦威的"时尚顾问"恰好满足了他们这一要求。为了不让这一称谓成为毫无意义的噱头，美特斯邦威的店铺推出了每季"明星最爱"系列，由各位"时尚顾问"亲自挑选自己的最爱服饰，陈列专区，供粉丝和消费者选择。这些"时尚顾问"甚至还参与产品设计，他们参与设计的产品一面世就在终端限量发售。不难想象，名副其实的"周杰伦的衣服"、"潘玮柏的衣服"、"张韶涵的衣服"会对粉丝们产生怎样的吸引力。

（3）采用明星式广告要考虑经济实力。

6.5.3　生活式

利用日常生活中的一个片段、细节，将所要宣传的产品点缀其中，让观众首先在心灵上与这种生活气氛达到共通，继而使产品在观众心中留下印象。

采用生活式广告要注意以下问题：

（1）产品必须与消费者的日常生活息息相关，是消费者日常生活中必不可少的；

（2）选取的生活片段要有代表性，生活气息浓厚，演员表演自然贴切；

（3）突出产品在人们生活中所起作用的重要一点或一方面，以免产品被所选取的生活片段淹没。

时尚融于生活，永远是时尚界追求的境界。作为时尚界的潮流品牌，H&M一直是国内服装品牌追逐的对象，图6-13中这条TVCBOOK的创意广告采用了类似于街头随拍的镜头表现，女模给人的感觉也多了几分亲和。就像米兰时装周传递的来年服饰潮流一样，H&M这种风格的创意广告势必也是未来服装服饰品牌创意广告的一种风格标签。

6.5.4　情节式

利用故事情节、戏剧冲突而引出产品，让观众在关注情节中的事态的变化发展时，不知不觉地接受广告所传播的信息。

《90后只能洗洗睡？》是为Olay沐浴露所做的广告片（图6-14），在知名导演孙凡的执导下，运用情节式手法，把主题明确地凸显出来：年轻，意味着无惧挑战，不被世界束缚。洗洗睡？当然不！勇于直面误解和偏见，洗掉不爽，带上清爽重新出发。率性的广告诉求加上90后活力女主，非常吸引目光。

采用情节式广告要注意以下问题：

（1）情节应该是在现实生活基础上的艺术提炼，即情节要有现实生活基础，这种情

图6-13　H&M品牌广告（Hong Kong Spring Fashion Campaign）

图6-14　Olay沐浴露《90后只能洗洗睡？》导演：孙凡（中国大陆）

图6-15　动画式广告

节是人们在生活中可以遇到、可能发生的；

（2）情节要简单，便于展开并很快进入高潮，让观众一看就懂；

（3）情节要服务于广告主题，防止产品被淹没在精彩的节目中。

6.5.5　歌唱式

以一首广告主题曲贯穿整个电视广告。歌曲通俗易学，旋律明快。

采用歌唱式广告要注意以下问题：

（1）歌曲要通俗化，歌词简单易学，旋律明快；

（2）歌曲要短；

（3）歌词要围绕一个主题，一定要突出品牌。

6.5.6　特技式

利用特技手法创造出特殊的视听效果，主要是指电脑动画。特技式可充分发挥电视作为运动的视听媒介的优势。采用这种方式要注意的是：特技的运用要围绕产品或劳务的某一信息，广告信息简单、突出，不要被特殊的画面效果掩盖。

6.5.7　动画式

根据广告主题及创意要求，把一幅幅绘制好的图画定格拍摄，然后连续放映。一般来讲，只要能画出来，都能用动画来表现。动画式有利于夸张和幻想，具有独特的魅力，所以，对成年人也有相当的吸引力（图6-15）。

采用动画式广告要注意以下问题：

（1）广告成本高，故应力求简短；

（2）要营造"成年童话"，而不能过分儿童化，以免诉求对象面太狭小。

6.5.8　答疑式

可称为解决问题式。通过使用某种产品或劳务的前后对比进行广告宣传。采用对比的方法说明使用某种产品可解决生活中的某些难题，解除某种病痛或带来某种便利和愉悦。这是目前电视广告中较为常见的一种。

采用答疑式广告要注意以下问题：

（1）产品或劳务能解决哪方面的问题，就突出这一方面的优点，不宜面面俱到，罗列各种优点；

（2）不宜过分夸大优点，以免消费者怀疑。

6.6　影视广告创意原则

影视广告创意应当遵循现实性原则、简洁性原则、冲击性原则、情感性原则。

6.6.1　现实性原则

审视创意同现实之间的关系能够发现，二者表现为对立统一的关系，具体为：现实意味着广告创作人员在进行创作的过程中不能构筑空中楼阁，应当立足于产品或服务的实际性能与功用，创意则意味着广告创作人员在立足于现实的基础上，必须对广告所承载的产品或者服务进行一定的艺术升华与艺术加工。因此，可以说，影视广告的创意并非天马行空，而是深深地根植于产品或者服务本身，广告创作人员的创意应当是对广告所表达的产品或者服务的合理想象，而非不切实际的渲染、夸大。对于广告创作人员而言，从创意的产生到最终作品的成型，并非一蹴而就之事，因此必须认真考虑在创意转化为作品的过程中的执行问题。

胡歌为必胜客演绎的《爱分享》广告（图6-16），一改耍帅、玩深沉的形象，化身为拿着相机观察社会生活的秦明，对年轻人圈子中各种具有代表性的现象进行剖析，同时还加入了二次元元素，拉近了与更年轻一代人群的距离。中国香港著名导演关锦鹏与胡歌的合作也可谓轻车熟路，爆红的明星加上好玩的形式，再加上平朴现实的风格，共同成就了一条流传于年轻人圈子里的好创意片。必胜客《爱分享》为快餐连锁品牌形象宣传风格的进化开了个好头。

图6-16　必胜客广告片《爱分享》导演：关锦鹏（中国香港）

图6-17　铁达时手表广告

6.6.2　简洁性原则

从类型上来看，影视广告采取视觉传媒的方式，因而对比传统的平面广告形式而言，影视广告在作品的表现力方面较为突出。然而，从作品所承载的内容上来看，影视广告作品受作品时长的限制，无法如同平面广告那般以文案形式实现信息的承载与表达，因而其所承载的内容少于传统的平面广告形式。有鉴于此，广告制作人员应当清醒地把握影视广告同平面广告的这一区别，力求扬长避短，突出自身的影音表现力优势，语言和画面必须互相配合。语言的惟一功能是解释和补充画面所要表现的内容。由于时间很短，受众很难在短时间内记住影视广告所传播的全部信息。为了让受众能记住信息，必须把影视广告要重点表现的内容展示出来，不可以面面俱到。正如奥格威所说："最有效的电视广告是只就商品的一两处重点用简洁的语言展开。一则电视广告堆砌许多的东西只会使观众厌烦……"

6.6.3　冲击性原则

伯恩巴克对于优秀的广告作品作出过这样的论述，他认为杰出的广告能够使受众产生强烈的感官印象。在笔者看来，伯恩巴克所提及的"强烈的感官印象"，实际上是指广告创意对受众群体产生的冲击力，而且广告

的冲击力并非完全源自画面，更多的则是广告中所蕴含的杰出创意给受众群体带来的强烈的震撼。"铁达时"手表的广告是一个典型的案例（图6-17），"不在乎天长地久，只在乎曾经拥有"的广告词配以兵荒马乱的战争年代的动人爱情场面，使消费者对该品牌产生了强烈的共鸣。这部广告作品，其冲击力不仅来自故事情节的感人展现，也结合了人物的演绎和塑造，作品中邀请了当红明星周润发、吴倩莲出镜，由广告巨子朱家鼎先生执导，他曾创造世界上最具创意公司排名第二的惊叹纪录，片中一句"不在乎天长地久，只在乎曾经拥有"成为永恒经典，对彼时还不熟悉明星代言的内地观众产生了极大的冲击。因此，广告创作者应当重视通过作品的创意实现对受众的心灵震撼，如此方才是杰出的影视广告作品。

6.6.4　情感性原则

影视广告作品通过对影音技术的综合应用，实现对受众群体感官的全方位浸染，进而使受众群体产生独特的审美感受。所以，我们一定要充分发挥影视广告的这一特点，尽量避免静止画面。要特别注意可视形象的塑造，注意情绪的感染，在允许的范围内尽量加大视觉与听觉的刺激度，力求最迅速、最大限度地打动受众的情感，使之产生强烈而深刻的印象。益达口香糖影视广告自推出

广告语："是你的益达"，一直致力于表现互相关爱的情感，融亲情、友情、爱情于一体的画面，是完美运用情感原则的成功典范（图6-18）。

图6-18　益达口香糖广告

6.7　影视广告创意的程序

电视广告的创意过程既清晰又复杂，是一种非常艰苦的劳动。电视广告创意与一般的广告创意一样，也必须经过以下四个阶段：

6.7.1　收集素材

这是影视广告创意的第一阶段，也是非常艰苦的准备阶段。广告创意是一种非常严肃的科学活动，只有在充分掌握大量相关材料的前提下才能进行。第一阶段收集原始资料、用心探讨资料的工作或许是枯燥的，却是创意至为重要的必经之路。否则，创意就变成了无源之水，无本之木。

6.7.2　确立影视广告主题

影视广告主题，就是影视广告的中心思想，是影视广告的核心内容。广告所要传达的信息就是主题，即通常所说的诉求内容、销售主题、表现重点。影视广告主题创意不是毫无根据的，广告主题是根据企业或产品的实际情况及广告目标而定的。广告主题要

求准确、鲜明、独特、统一、易懂、易记。

一个优秀的主题，必须以精密的营销战略为背景，广告主、客户代表、市场调查部门、广告策划部门、广告创业者共同策划。广告主题不是凭空想象出来的，而是依据产品或劳务、市场、企业、消费者等信息调查出来的结果展开的，否则就没有广告主题。所以，确定广告主题的过程就是对商品特征以及商品有关的企业、消费者的某些特征进行确定的过程，即选定一个角度，确定一个主要特征。影视广告主题可以通过以下几个角度来确立：

（1）根据商品特征确定影视广告主题

商品特征主要有两个方面的内容：品质和品位（指品级、档次）。许多电视广告都是针对商品的品质以及品位进行表达的。在产品的层次上，可以重新定义产品性能，或者用新的观点来审视产业。在品牌的层次上，可以依照品牌的长处来定位，或赋予品牌长处新的意义。

（2）根据企业特征确定影视广告主题

广告宣传企业一方面要推销产品，另一方面要更好地处理公共关系。广告要为企业树立具有某种良好特征的形象，并将之传播到公众中。根据企业特征确定广告主题可以从以下方面进行：突出企业资格（即其经营史、资本性质、企业等级和企业荣誉），突出企业实力，突出企业文化特征。在企业的层次上，可以强调企业的专业知识，或把重点摆在企业所扮演的角色上。

（3）从消费者的角度确定影视广告主题

商品是让消费者购买的，广告也是做给消费者看的，所以做广告必须分析消费者的类型和消费者的需求。在这里，可以根据消费者层次和消费者的某些心理特征去确定广告主题。精准地选择诉求点与定位点是其中的关键，当一个创意者面对一件需要进行广告宣传的产品时，他的基本素养就表现为如何从一大堆关于产品的信息中甄别出几条或者几十条诉求点，然后从中确立定位点。这

图6-19　原创音乐广告片《灯笼暖》

样，广告创意就顺理成章了。

确立诉求点——说什么？

诉求点是广告主对消费者所做的一系列承诺，这些承诺的确定取决于三个方面：第一，产品本身的特性；第二，目标市场及宏观市场的状况；第三，目标消费群的状况。三者当中，产品本身的特性具有核心地位。

选择定位点——怎么说？

广告不可能将广告主所有的承诺都表现出来，应当只选取最主要的诉求点来代表最重要的承诺，这就是定位点。定位点的选择已触及广告创意的核心，因而更代表着广告创意者的水平与感受力。在定位点的选择中，目标消费者心理成为最重要的选择准则。

原创音乐广告片《灯笼暖》是用流行文化的普及性来推广珠海非物质文化遗产的成功案例（图6-19），策划构思、词曲创作、拍摄制作是由九号仓团队最优秀、最有活力和创造力的创作人才共同协作完成的。

以《灯笼暖》广告片为例，其广告主题的确立和实现有以下6个步骤：

第一，要做什么？制作珠海市灯笼沙旅游景区宣传广告片。

第二，所希望达到的目的是什么？推广珠海市灯笼沙旅游景区项目，传播非物质文化遗产，最终推动当地旅游业的发展。

第三，如何做以达到这个目的？灯笼沙旅游景区位于珠海市磨刀门的西岸，素有"水乡"之称，其"水上婚嫁"是珠海第一个国家级非物质文化遗产，保留了独特的水乡民歌和婚嫁习俗，是典型传统岭南水乡文化的缩影。

故广告片以"水上婚嫁"作为创作的根本。

第四，希望用怎样的创意来强化这个目的？根据当下的文化传播特点，采用唯美爱情故事结合流行音乐MV的形式强化广告片的目的。

第五，用什么设计来表现你的创意？把本土咸水歌糅入流行音乐，用影视方式来讲述水乡婚嫁民俗文化，用流行文化的普及性来推广非物质文化遗产。

第六，用什么样的多媒体技术来辅助设计？拍摄设备及辅材采用佳能5D Mark II（全画幅）、摇臂、推轨、电力灯光等。

后期制作软件采用Adboe premiere、After Effect、Cubase等。

综上所述，设计表现之前必须充分理解创意，在具体的设计过程中，一定要思路清晰，且每一步的设计都必须含有一个点子，点子要以"目标"、"卖点"和"受众"为支撑，整个设计围绕其发展，环环相扣，循序渐进，最终形成一个内容丰满、寓意深刻、线条清晰、形式独特的设计表现。

6.7.3　视觉艺术化

这是电视广告的第三个阶段，也是创意的高潮阶段。选好定位点，只是为创意的成功奠定了坚实的基础。创意的轮廓只有经过戏剧化、艺术化过程的升华才能完成。戏剧化、艺术化的主要形式就是为定位点寻找一个合适而有效的载体。

视觉艺术化主要是对于影视广告形成的视觉效果的要求，强调的是"眼睛感官"对影视广告的接纳。影视广告以画面取胜，不同的画面给观众的视觉印象都不相同。在短短几秒或几十秒的时间里，若想在观众的心中留下深刻的印象，一定要用新奇的画面冲击观众的视觉，给观众以强烈的感染力与震撼力。如果前两种方法为的是心灵相通、交流情感的话，那么变换视觉为的就是对视觉的冲击，不再用平常的眼光看事物。

极具中国化艺术表现力的广西电视台形象宣传广告《山篇·水篇·海篇》在国际性顶级赛事——莫比广告奖的参评中让30余个国家数以千计的参赛作品相形见绌，力拔头筹，荣膺最高奖——莫比金奖。莫比广告奖在业界享有极高的声誉，与纽约广告奖、戛纳广告奖、克里奥广告奖、伦敦广告奖并称世界五大顶级广告奖项。《山篇·水篇·海篇》（图6-20）广告创意思维着眼于地方特色，凝聚了具有广西地域文化特色的层叠壮美的龙脊梯田、奇伟清丽的桂林山水、广阔秀美的北海银滩，融合以极具民俗风情的灵动的壮族少女以及充满英气的京族少女等，以传统美学视角多侧面、多维度地构架出广西丰富而立体的艺术形象，呈现出当代中国社会传统与现代共融的人文生活形态，使得创意在视觉传达表现上充盈着文化气息与艺术张力。

视觉艺术化过程一般需要注意以下三点：

（1）营造意境

意境是中国古典美学中的一个重要范畴。诗人王昌龄在《诗格》中说："诗有三境，一

图6-20　广西电视台形象宣传广告《山篇·水篇·海篇》

曰物境，二曰情境，三曰意境。"所以，任何作品要引起欣赏者的兴趣，使形象根植于欣赏者心底，一定要借助于意境的创意手法。

影视广告在营造意境方面有其独特的优势，影视具有丰富的表现力。对于许多只可意会不可言传的景象，影视可以通过画面、色彩、音响等将其充分地展现于公众面前，从而引起公众的注意和共鸣。

（2）传递情感

广告创意注入情感因素可以增强广告的人情味，淡化商业气息，还可以缩小广告与消费者之间的距离，让消费者感到广告能为消费者着想，使他们感受到爱心的关怀。

（3）擅用旋律

广告就是要尽可能利用一切可以利用的文化元素或流行元素。音乐是全人类无国界限制的共同语言，歌曲则是最有感性煽动力的元素。从音乐、歌曲等作品中找到匹配的旋律，与画面配合，有助于影视广告作品的艺术化和戏剧化。

蒙牛乳业的影视广告《美丽的草原我的家》，也成为了业界的佳话。广告画面中沁人心脾的绿色大草原，草原上壮实的奶牛，随着内蒙古音乐荡气回肠的歌声："骏马好似彩

云朵，牛羊好似珍珠撒"顷刻之间深入观众的内心，也让观众牢记了蒙牛品牌的标志和产品。这则影视广告自然纯朴，恢宏大气，厚重真实，具有亲和力及文化因素，诉求统一而自然，极易调动受众的心理趋向，得到广泛的认同。更重要的是，它遵循了《美丽的草原我的家》旋律优美、朗朗上口的特点，利用了它的普及度与知名度。当熟悉、优美的旋律再度响起，"蒙牛集团"的产品、企业、品牌都会得以进一步提升与强化。该则影视广告播出后，进一步奠定了"蒙牛集团"纯净无污染的资源优势形象，对于蒙牛乳业来说是至关重要的一个广告片。蒙牛的负责人从伊利出来独自创业之初，频受伊利的打压和市场抢占，随着蒙牛品牌口碑的逐渐稳定，采用正确引导消费的宣传途径，成功地从中国乳业巨头伊利的手中夺取了一席之地，到如今已经可以和伊利正面交锋而不显颓势。可见，一支在市场上收获成功的广告可以助企业和公司一臂之力，帮助公司开拓客户和消费者市场。

6.7.4 形式化的过程

创意要通过文本化才能得到表现，要通过视觉化才能得到强化，要通过电视传播才能传达到目标对象。形式化过程指的是影视广告作品创意最后的制作形成环节，也是指在创意已经清晰成型的基础上，如何将它制作成成品的过程。由于网络影视广告融合了视觉媒介、听觉媒介等多种媒体，其广告作品通常具有生动性、戏剧性和故事性，而且充满人情味。因此，故事情节的完整呈现、高质量的画面感与高质量的音效感在制作过程就显得尤为重要。同时，网络影视广告的传播媒介的特殊性决定了其制作过程较其他形式的广告更为复杂，采用的技术手段相比其他形式的广告也更具复杂性。

影视广告的形式化过程，通俗地说，就是影视广告的制作过程，一般分为3个阶段：

6.7.4.1 筹备阶段

这一阶段是指拍摄前的准备，确定脚本、制片、导演、演员、美工、摄影人员、照明、外景等。

（1）建立创作团队，如制片人、美工、服装、灯光、摄影摄像、电力、音乐、剪辑、特技、二维及三维制作、配音及合成等，明确人员分工。

（2）完成分镜脚本，根据脚本选择场景、布置场景、布置灯光，营造气氛，选择演员。

（3）各种器材、道具及技术条件的准备。

（4）制作拍摄方案和日程表（包含具体的可以选择的方案）。

6.7.4.2 拍摄阶段

（1）摄像机的执机方法：支架式、肩架式、徒手式。

（2）景别：被摄物体在画面当中的大小，取决于情节的需要。景别分三组：特写组、中景组、全景组，每组都具有自己的特点和局限性。

1）特写组（大特写、特写、近景）

优势：

特写是最有魅力的镜头，是一场戏中一组镜头的重点。特写镜头可以表现物体的细节，可以创造独特的视觉形象，可以作为转场的手段，进行场景和场景的切换，注重交流，传达情感。

局限性：

人与景产生分离，时间不能太长。

2）中景组（中近景、中景）

优势：最常见的叙事性景别，数量最多，是特写到全景的过渡。

局限性：人与景不清晰，中庸、没个性。

3）全景组（小全景、全景、远景）

优势：展示环境，交代景与物的关系。用于创造意境，表现情绪，烘托气氛，展示群众场面。

局限性：镜头时间较长，节奏缓慢，运动不明显。

（3）镜头的运动：推镜头、拉镜头、摇镜头、跟镜头。

（4）特殊表现方法：

1）高速摄影——每秒24～130格（慢动作）

2）低速摄影——每秒6～24格（快动作）

3）间隔摄影

4）镜头与滤光镜的使用

（5）摄影的角度：正面、俯瞰、仰角。

在拍摄时要尽量抓住与脚本吻合的最具表现力和感染力的镜头，要注意摄影摄像技巧与用光技巧，注意景别的变化，以便创作出层次丰富的视频画面。对脚本中所需的关键镜头应多次拍摄甚至拍摄多种实现方案，以便在后期处理时可有多种选择，达到最佳效果。根据拍摄场景，组织好镜头的拍摄顺序，不一定要按脚本镜头顺序来拍摄，其目的在于提高工作效率。

6.7.4.3 后期制作阶段

（1）根据脚本及客户的意见进行粗剪、看片、精剪等系列工作，挑选最理想的视觉画面进行剪切与特效合成，镜头间的连接方法有切入、重叠、擦拭等。广告片画面部分的工作到此完成。

（2）根据脚本及视频画面进行配音、配乐及编配文字，做到"声画同步"，在这里要强调的是配乐问题。若配乐是原创，则广告片将拥有与画面完美结合的独一无二的音乐，但成本较高；若配乐是从现有音乐中挑选的，则成本较低，其他的广告片也可能会用到该音乐，缺乏独特性。

（3）合成拷贝。

以《灯笼暖》广告片（图6-21）为例，在其制作过程中注意了以下几个方面：

1）制作原创音乐。

将灯笼沙当地咸水歌的传统音乐要素与流行音乐要素相结合，创作易被大众接受的曲风，便于流行。

2）拍摄唯美画面。

充分利用场景、光线、夕阳等来获取唯

图6-21 《灯笼暖》广告片制作效果

美的画面。在制作中根据天气的变化，及时调整脚本镜头的拍摄顺序和拍摄方案。

3）合成唯美效果。

在景别处理上追求变化的循序渐进；在色彩调整上保持画面色调、影调的统一；在画面细节上注意穿帮镜头的高质量修补。

4）添加动感字幕。

在片头字幕的处理上，运用了颇具中国风格的洒金书法的动画效果。

6.7.5 影视广告的发布

影视广告一般具有特定的电影和电视发布平台，近年来，随着影视广告的多元化，也逐渐与网络视频广告的发布传播方式趋同，传播策略主要有分众传播策略和交互式传播策略。分众传播策略主要是针对特定目标人群，通过电子邮件、电子新闻来实现广告的发布。交互式传播策略则突破了传统媒体单向传播的局限，受众不仅可以发布信息，也可以主动搜寻信息，对信息作出回应。

总之，影视广告的创意是一个既清晰又复杂的历程，每一个环节都充满了创意的思考与经验，历经上述这五大步骤，一部影视广告的创意与实施才能完整地实现。

6.8　思考题

（1）请简述影视广告创意的构成要素，并分别理解各个要素在广告创意中的作用和意义。

（2）请例举一个你认为最成功的名人影视广告案例，并分析其原因。

（3）请例举一个你认为最失败的名人影视广告案例，并分析其原因。

（4）如何确立影视广告主题？

（5）请陈述影视广告创意形式化过程。

第7章

广播广告创意

广播作为三大传统媒体之一，经过多年的发展，在人们的生活中占据着重要地位，也是人们获取信息的重要途径之一。在三大传统媒体中，广播有其独特的传播特点，主要以听觉作为传播途径，使其与听众的交流性更强，但仅以听觉传播也使其传播的信息很难被听众记住，导致传播效果有所欠缺。因此，加强广播广告的创意制作，使广播广告更有新意，是保证广播广告传播效果的关键。

7.1　广播广告的特征

7.1.1　广播广告的优势

（1）传播及时、迅速，便于接受。

广播主要依靠电波进行传播，其传播速度很快。与传统纸媒相比，广播制作周期相对较短，可以及时传播；与电视相比，电波信号在我国覆盖范围较广，其信号传播过程受地理因素影响较小，传播效果优于电视。广播能够及时地把信息传送给听众，一方面是信息转换较简便，只要把声音变成电波，播发出去就可以了；一方面是接收信息较方便，无论在什么地方，只要有一台半导体收音机，就可以接收到广播电台发出的信息。所以，广播几乎不受截稿时间的限制，可以随时播出刚刚发生或正在发生的新闻信息。

（2）受众广泛、覆盖面广。

广播主要依靠听觉传播，因此，对其听众的接受能力要求相对于电视而言较低，这也使广播不具有特定年龄段听众定位，加之内容较为通俗易懂，几乎所有年龄段听众群都能接收广播信息。与传统纸媒相比，广播采取全天候不间断播出，内容更丰富，收听时间更长；与电视相比，其收听终端较多，不受地点限制，听众能随时随地进行收听，

进而使广播广告传播效率更高。听众可以不受时间、场所和位置等的影响、限制，行动自如地收听广告。有的广播电台一天24小时连续播音，一座电台可以安排好几套节目，重要节目可以重播，既可以播送新闻，又能为文化生活等多方面提供服务。广播听众不受限制，只要有语言感知和理解能力，不用考虑年龄、文化程度等因素。因此，广播拥有广泛的听众并不稀奇。

（3）诉诸听觉，联想自由。

就人的生理现象看，听觉最容易被调动、激发。广播通过播音员抑扬顿挫、声情并茂的播音，能够调动听众的情绪。一些现场直播、录音报道，听众可以直接"听"到来自空中的信息，可以在"声"的愉悦中产生共鸣，在"情"的氛围中被同化，从而得到较强的传播效果。西方广播专家称，描绘天下第一美女，最好的媒体是广播。电视图像的现实性既是长处，也是局限，限制了观众的想象和联想。

（4）制作方便、快捷，费用低廉。

广播节目的制作不需要较多的道具、设备，节目形式可以根据需要，随时作调整，灵活性较大，或用变换语调的方式，或用对话混播的办法，或配以音乐，或穿插现场实况，或在"黄金时间"反复重播等。这些，对于广告节目的制作和播出，都是非常有利的。

（5）收听可以和其他活动同时进行。

广播广告的收听不束缚和占用受众的视觉，听众可以一边收听一边进行其他活动，收音机这种行动与收听两不误的功能，赋予了它独特的魅力。一边活动一边收听广播媒体里传来的信息，不仅不影响，还能营造氛围，调整情绪甚至提高效率。制作广播广告的广告主不必担心听众对广告的印象不深，广告主应该注意的是，广播广告文稿撰写人员怎样做出吸引听众的好广告。

7.1.2 广播广告的局限

广播广告虽具有诸多传播优势，但其发展仍具有一定的局限性。

（1）生命周期短，信息无法保留，转瞬即逝。

广播广告的传播生命周期短，再加上广播的听众群体流动性较大，并且较为分散，许多听众在收听广播节目时，进行其他活动，导致收听效率不高，信息在脑海中保留时间短暂，转瞬即逝。

（2）信息内容少，传播的是单一的声音信息。

广播广告只靠声音传播，传播形式单一，同时播出又受到时间的限制，导致每段广告容纳的信息内容较少。

（3）容易使听众对信息产生误解和歧义。

广播广告的听众只能靠想象虚构事物，缺乏视觉效果。听众对事物的感知能力有限，难以在听到商品信息后，在脑海中留下深刻印象，也容易对信息产生误解和歧义。许多商家对广播广告的传播效果持有怀疑态度。

7.2 广播广告的构成要素

广播广告创意就是声音的魅力展现，是关于广告声音总谱的创意。广播广告的构成要素包括语言、音乐、音效，在广播广告中一定要充分发挥语言、音乐、音效三要素的作用，并且努力实现三要素的最佳组合。

7.2.1 语言

广播广告的第一个构成要素是语言，语言是广播广告的灵魂。在广播广告中，语言具有关键性作用，以其独特的艺术魅力吸引着消费者。

语言的职能有两种：一是交际职能，二是沟通思想。交际职能是指语言是人类最重要的交际工具，广播广告又是语言的艺术。广播广告需要依靠特定的规律对语言艺术进行运用，不仅要求有深厚的语言功底，更需要掌握一定的广告创意规律，否则，一流的文章高手未必写得出一流的广告语言。沟通思想职能是指广播广告运用语言可以表达出广告创意思想，如企业形象、品牌形象、品质、功能、服务等。

语言创意技巧：

检查所用语言是否准确表达了自己的创意思想，这样的说法是否被听众正确理解和认识，一般情况下，广播广告语言应注意"三化"：

（1）口语化

要说得顺嘴，听得顺耳。

多用短句、简单句，少用书面语、长句。

多用口语词、双音词，少用文言词、单音词。单音词不如双音词响亮，如：

至此——这时候、询问——打听、用膳——吃饭、与其——倒不如、所致——造成、部署——安排、行将——就要、日益——越来越、已——已经、并——并且、自——自从、因——因为、虽——虽然、曾——曾经……

（2）通俗化

广告传播，往往要涉及科学技术、工艺流程、商品知识方面的具体问题。要用通俗的语言组织广告语言，做到雅俗共赏。通俗化并不等于庸俗化，迎合低级趣味。在语言上的整体表现风格应该是明快的。

通俗化的方法一般包括：

一是单音字改为双音词。

二是将书面语改为口头语。

三是避免同音不同义的词。

四是将长句改为短句子，少用倒装句。

五是名称要用全称而不用简称，少用缩略语。

六是内容要浅显。

（3）形象化

人总是容易感知形象，难以记住抽象的东西，如记住人脸，却忘记名字。从认识论的角度看，人的认识是从感性到理性、从具体到抽象的，所以尽量将语言形象化。

比如要宣传乐山大佛的形象："乐山大佛身高71米，头长14.7米，宽10米，耳长6.72米，脚背长11米，宽9米。"6个抽象数字令人难以感知。改写为："乐山大佛有30多层楼高，仅耳朵就有4个成年人叠起来那么长，它的脚背上可以停5辆解放牌汽车，它的脚的大拇指上，可以摆上一桌酒席。"这样就很容易被听者接受和理解了。

进行广告创作时，广告的语言要素这一部分主要体现在文案上，好的广播广告文案不仅能清晰地表达广告的主题，还能给受众留下深刻的印象。因此，创作广播广告语言时，首先需要创作出优质的广告文案，使听众在收听广播广告时，能在第一遍就领会其表达的含义。创作广播广告文案时，需充分了解广告的宣传目的、宣传主体对象、产品性质等，并结合广播传播的特点，创作出生动、活泼、极富感染力、通俗易懂的广播广告文案。

如在全国广播广告中获得一等奖的"红星二锅头"广告，其文本内容以购买者和经销商的对话形式展开，为听众创设了语言环境，促使听众发挥想象，进入创作者设下的情景中，跟随创作者的思路思考问题。在对话中，五次出现"红星"，加强了听众的听觉记忆力，文案结尾以"老百姓喝出来的名牌"为画外音，既突出了该品牌的广告语，也使其大众形象更加鲜明，拉近了与听众之间的距离，生动简洁，传播效果显著。

7.2.2 音乐

广播广告的第二构成要素是音乐。生活中不能没有音乐。音乐是人类情感表达的重要工具，也是人们生活中不可缺少的调味剂。

在广播广告创意制作中，创作人员也需要加强对音乐的运用，利用音乐烘托气氛，表达创作者的情感，并弥补文字创作的不足，促进广告主题的深化。例如在一则交通公益广告中，作者先以各种与酒相关的诗句向听众传达聚众饮酒时的情景，以古筝名曲《海青拿鹤》作为广告的音乐背景。该音乐主要描绘了捉鹤时的搏斗场景，情节跌宕起伏，铿锵有力。音乐与诗句结合，使听众对创设情景的想象空间更大，当嘈杂声被撞车声代替后，音乐戛然而止，使听众产生心灵震撼，更能提升对酒后驾驶危害的认识。

音乐是一种用有组织的、和谐的乐音来表达思想感情、反映社会生活的艺术，不和谐就成为了噪声，它的基本构成要素是旋律和节奏。音乐的主要内涵是情感，音乐的功能在很大程度上取决于它对听众情感的影响程度。

7.2.2.1 音乐的功能

音乐在广播广告里有以下三个功能：

（1）具有表象功能。音乐可以塑造场景，令人展开想象的翅膀，正如"钟声响，寺庙见；圣歌起，教堂现。"

（2）负责情感的流露、节奏的变化、情绪的表达。当用语言无法表达情感时，音乐就是最佳的沟通媒介。

（3）音乐具有共通性。音乐既是民族性的又是国际性的，好的音乐都是相通的。可以和其他艺术形式结合，扩大表现力、感染力，如音乐剧、舞蹈、艺术体操、芭蕾舞剧、戏剧、影视剧等。

总之，广告音乐是以音乐的内容、结构、风格为出发点，配合语言来更好地表述广告内容，深化创意思想，营造氛围，抒发情感，追求最佳广告效果，而非单纯体现音乐的欣赏功能。

7.2.2.2 音乐的类型

广播广告中的音乐受限于时间，它不是乐章，甚至不是一支完整的乐曲，而是一个或几个乐句。音乐是衬托也是信息表达方式，包括乐曲、广告歌以及某些音响效果。音乐在广播广告中有下面几种类型：

（1）标题音乐：专供配音，音带上附有标题，在节目开始时播放。

（2）背景音乐：也用来配音，有较强的欣赏价值。

（3）主题音乐：主旋律，贯穿广告，可专门制作，也可选用。

7.2.3　音效

广播广告的第三个构成要素是音效。在广播广告中，音效指音响效果。

7.2.3.1　音效的类型

（1）自然音效：风、雨、雷、电、水声等。

（2）生活音效：哭、笑、吵闹等大多属于非音乐组合系统。

广播广告音效，运用专门的器具和技法，摹拟和再现现实生活中和自然中的各种音响。

7.2.3.2　音效的特征

（1）逼真性

通过声音判断事物的性质，是认识事物的有效途径。餐具掉到地上，可分辨出刀叉、筷子、汤勺；火车过大桥、进涵洞；有经验的驾驶员可透过异常声音知道汽车哪里出了毛病；医生用听诊器判断心肺杂音。

（2）表意性

如警车、救护车、消防车，其鸣笛声可制造危机紧张感，钟声可打破宁静。音效是语言以外更具独立意义和真实感的信息。

（3）表象性

如摔碎玻璃声，桌椅碰翻声，让你仿佛看到夫妻间爆发战争。

7.2.3.3　音效的功能

我们必须十分重视音效作用，它能够塑造环境氛围，可以成为广告作品的主体部分，而且对内容信息有着强烈的提示作用。总结起来，音效具有下列功能：

（1）塑造环境氛围

音效能够起到强烈的提示作用，如表示汽车时，我们多用发动机的轰鸣声，《无饮食公交赞文明出行》中，乘坐公交车时刷公交卡的音效运用等。

例：塑料帐篷广告

（音效：闷雷声由远及近，风雨声大作）

男：下雨了，快把水泥盖好！

（音效：雨中盖水泥的嘈杂声）

女：好啦，水泥全保住了，多亏了这些轻便结实的如意牌塑料帐篷！

声音和文字配合恰当，是写作广播广告文案的基本要求。广播广告文案的创作经常要求和音效、音乐结合起来，以多媒体的方式来强化它对潜在消费者的吸引力，使他们对广告产品高度关注，最终实现促进产品销售和提高品牌效应的广告目标。

在一则农用车的广播广告中，创作者从农用车本身的性质出发，收集农用车的刹车声、引擎声、开动声等，将这些声音作为音效，从而使听众听到这则广告时，不仅能在文案中了解该农用车的性能，还能在声音的引导下想象出农用车的实际操作状况，从而促使听众产生兴趣。

试看可口可乐公司的雪碧汽水的广告文案：

（蝉鸣起伏……）

男声：渴，渴……

（闪烁的音效）

女声：晶晶亮，透心凉……

（喝一口，吸干声，如清凉的水淋在头上）

男声：哇！

男声：哦！雪碧，当今生活，无论是宴会、旅游、运动……到处都有你清凉的奉献！

（孩子笑声，青年欢笑声，摩托艇驶过一个海浪，又一个海浪）

女声：雪碧（飘过）

美国可口可乐公司为其雪碧汽水发布的

这则广告，运用多种音效与有声语言相配合。首先是自然音效，如此起彼伏的蝉鸣，与男孩子发出的"渴，渴"之声相呼应，不仅渲染了骄阳酷暑所给人带来的干渴难忍的艺术氛围，也为下面雪碧的出现作了一个极好的铺垫；第二是人为音效，如吸干饮料的声音，喝了雪碧之后欢乐的笑声等，将雪碧汽水清凉解渴的效果暗示出来；再加上有声语言"晶晶亮，透心凉"的切入，使广告主题得到了有力的表现，从而创造出了一个极其具有感染力的广告氛围。

（2）作为广告主体部分

音效也可以成为广告作品的主体部分，正是：不要卖牛排，要卖滋滋声。

如先锋音响的一则广播广告：

（流水声、蛙鸣声、蟋蟀声，5秒后）

男：你听得出来吗？这些声音中有一部分并不是自然发出的。

（电闪雷鸣声、风声、海鸥声浑然一体，3秒后）

男：我也听不出来，尽管我知道有一部分是先锋音响发出的，但听不出来哪部分。

男：先锋音响，逼真再现自然声音，耳听为实，先锋音响！

（3）有着强烈的提示作用

皮鞋踢踏声，说明有人来。楼梯吱呀声，说明有人上楼。火车汽笛声，说明进站了。救护车声，有人生病了……

音效是为听众增加联想空间、创造现场感的重要工具。在广播广告创作中，使用音效辅助能使文案创设的环境更加真实，使广告环境更加生动、形象，使听众融入广告环境，提高广告传播效果，加深听众的印象。因此，在广播广告创意制作过程中，相关创作人员需要加强对音效的运用，通过各种音效的运用，引导听众思考、想象，发挥音效的保真效果，吸引听众。

总之，广播广告是一种声音传播艺术，广播广告在当前各种媒体广告的冲击下，需

不断增强广告创意制作效果，以生动的语言、优美的音乐、逼真的音效共同表达，烘托气氛，向听众展示广告的主旨，提高听众的兴趣，从而满足商家的需求，促进广播的长久运作。

7.3 广播广告的分类

7.3.1 节目广告

节目广告即广告主为电台提供一个节目，然后在本节目中插播广告。节目广告的优势在于广告主可以把目标消费者和节目的特定听众群结合到一起，使广告具有很强的针对性，容易赢得消费者的好感。

7.3.2 插播广告

插播广告即在电台播出的节目之间播出的广告，内容和节目无关，收费比较低，播放时间也相对灵活，包括"共同参与广告"、"特约广告"、"公益广告"等。

共同参与广告是由几家广告客户在电台制作的节目中插播的广告，客户不能对节目内容有所干涉，只能在节目中适当插播广告。特约广告是指客户在特约时间段内播出的广告，一般放在一些受欢迎的栏目以及报时钟声的前后。公益广告是不以营利为目的、为社会公共利益服务的广告。

7.4 广播广告创意表现类型

7.4.1 告知型

告知型创意表现就是把广告所要传达的讯息直截了当地传达给听众。这种方式对广

告语言的要求比较高，广告诉求点一定要特别明确，否则极容易变得枯燥无味。

2015年河北经济广播电台创作了《爱是欣赏，更是改变》的公益广告，旨在提示："日常生活中的爱情也好，友情也罢，宽厚、容忍、欣赏、改变才是和谐生活的根本。"基于这样的理念，广告作品以日常生活中很常见的两种蔬菜——土豆和西红柿为角色，这两种果蔬一个长在枝头，一个深埋地下。这两种蔬菜平时很难搭配，但是土豆做成的薯条和西红柿做成的番茄酱却是最佳搭配，以此作为创意点，将他们的形象拟人化，生动演绎二者之间"偶然相遇—为爱改变—成为绝配"的全过程，情节紧凑，剧情反转，揭示出爱情和生活的真谛："爱是欣赏，更是改变"，倡导和谐家庭、和谐社会的理念。

《爱是欣赏，更是改变》（文案）

（旁白女声娓娓道来，讲故事的感觉）（音乐卡通、时尚、俏皮）

旁白：土豆和西红柿本来不是一个世界的，有一天他们相遇了。

土豆："我好喜欢你，你能做我女朋友吗？"

西红柿："哪来的丑八怪，土里土气的！"

土豆："我土，但是我可以改呀！"

旁白：后来，西红柿被做成了番茄酱，土豆被做成了薯条。

酥脆的薯条包裹酸酸甜甜的番茄酱，共同组成了让人回味无穷的美味。

（快餐店感觉的背景音）

"老板，给我一包薯条，多加番茄酱！"

西红柿和土豆的对话：

西红柿：亲爱的，我……

土豆：亲爱的，我们是绝配！

西红柿：对！

西红柿和土豆合：我们是绝配！

旁白：没有天生就合适的两个人，爱是欣赏，更是改变。

这个作品获得了包括第22届中国国际广告节公益广告黄河奖年度优秀奖、北京国际

创意奖广播作品银奖等多个奖项，同时，轻松幽默的风格也打动了许多年轻人，还获得了河北省第二届优秀网络文化"五个一"作品奖。

7.4.2 对话型

对话型创意表现是由两个演员或播音员，采用对话的方式，展现产品或服务的特色。这种类型的广告具有亲切感，很灵活，可以以介绍说明为主，也可以以解决一个问题为主。最好开头有个由头或铺垫，生活化一些，但要注意精练。

石家庄市曾推出无饮食公交，提倡乘坐公交车时不要吃东西。为了宣传无饮食公交，河北经济广播电台策划推出了一个《无饮食公交，赞文明出行》的公益广告，创意的来源就是娱乐节目主持人高云峰关于公交车上不允许吃东西导致狼无法吃羊的段子，产生了戏剧性的喜剧效果。同时，在设计场景中融入了公交车上妈妈和孩子的对话，并在结尾处一语揭开谜底，用悬念来点题，令人印象深刻，又毫无说教之感，在潜移默化中展现内涵。

《无饮食公交，赞文明出行》（文案）

公交车上的背景音：河北大戏院到了，请您站稳扶好……

女儿：妈妈，快来，坐这儿，这有座。

妈妈：你快点先坐好，别乱动了。吃口煎饼，每天都起那么晚，在家都没法吃早饭，来来，再喝口豆浆，明天可要早点啦！

女儿：妈妈，我能先问你个问题再吃吗？

妈妈：快说吧，说完赶紧吃！

女儿（音乐：RAP节奏）：公交车上有只狼，上来三只羊，车到站了狼下车，车上还有几只羊？

妈妈：这羊都被狼吃了！哪还有羊？你快吃东西吧！

女儿：不对！还有三只羊！因为公交车上不让吃东西呀！

妈妈：你这孩子！

（妈妈、女儿会心的笑声）

男声：无饮食公交，赞文明出行！

7.4.3 小品型

小品型创意表现就是借用戏剧小品的形式，生动活泼地传达广告信息。这种类型具有比较强烈的表现力和感染力。小品型的广告既可以用写实的表现手法，也可以用夸张、幽默的表现手法，例如下列这则广播广告：

（时间：29秒）

（背景音乐：周杰伦《甜甜的》渐起）

男声（有一些痛苦）：喂，老师，我今天肚子疼，想请一天假。

女声（流露出一些关切的语气）：行，明天记得带作业哦。

（老师刚说完，从电话另一边响起一阵奇怪的类似亲吻的声音）

女声（疑问但又有点责备的语气）：干什么呢？

男声（尴尬而又慌张的声音）：奥奥，没什么，没什么，老师再见（挂电话声）。

男声（欢快而幸福的声音）：肯德基最新推出鸡柳汉堡，挡不住的诱惑，好吃听得见，姆嘛（类似亲吻的声音）。

（背景音乐渐渐消失）

想到广播广告，我们就从声音开始联想，想到生活中有许多声音比较相似，容易引起误会，从而产生幽默的效果，吸引别人的注意力，这则广告就利用了这一点：一个学生给老师打电话请假，同时在吃东西，美味的诱惑让人随时都想咬上一口，发出的拌嘴声就像亲吻一般，在增加搞笑效果的同时也充分说明了汉堡的可口诱人。

7.4.4 现身说法型

现身说法型广播广告是由一个权威的、受人尊敬的人，以普通人身份讲述自己使用某种产品或服务所得到的好处，来达到广告效果。

2015年初，河北电台经济广播《北方快车》栏目记者宋丽的公益广告的选题是2014年度"感动中国"十大人物中的同桌妈妈——杨乃斌的母亲陶艳波。在介绍故事的背景时，文案很长，经过了解和思考后，创意组认为应该先建立受众广为熟悉的生活学习场景，才能把受众带入到故事叙述的节奏中来。作品最后决定采用《同桌的你》作为背景音乐，以上课点名的学习场景作为故事的开始，通过上课点名的时空变换展现出杨乃彬这个失聪的孩子不间断上小学、读中学、考上大学的励志故事。就是这么一个来自生活中的感悟创意改变了这个广告的意境。

《同桌妈妈，让爱发声》（文案）

背景音乐：《同桌的你》及上课铃声音效

年轻的小学女老师点名：杨乃彬，杨乃彬！

陶艳波（年轻女声小声）：哎，叫你呢！快说到！

杨乃彬（稍显含糊的童声）：到！

年轻的小学女老师点名：陶艳波。

陶艳波（也有些不适应的年轻女声）：到！

和蔼的大学男教授点名：杨乃彬。

杨乃彬（坚定的青年男声）：到！

和蔼的大学男教授点名：陶艳波。

陶艳波（中年女声）：到！

（钢琴声）

稳重、感性的男声：这个故事的主人公就是"感动中国"2014年度人物"同桌妈妈"陶艳波。她的儿子杨乃彬8个月大时得病耳聋，她用唇语教会了孩子说话。

陶艳波录音1：我就想让孩子有一个幸福的人生。

有了同桌妈妈的陪伴与坚守，杨乃彬这个失聪的孩子，在人们的惊讶中，上了小学，读了中学，考上了大学，如今乃彬就要毕业了，妈妈对孩子最大的愿望就是——

陶艳波录音2：真正地融入社会，走向社会。母亲是不需要回报的。

稳重、感性、深情的男声：同桌妈妈，让爱发声。

这个广播广告从生活中的细节入手，通过上课点名这一让人熟悉的环节，语音、语气、场景的变化以及《同桌的你》伴奏音乐的两段变调，概括、提炼出陶艳波对儿子多年陪伴和坚守的故事，赞美母亲给了不幸的孩子一个与正常人平等的机会。最后，陶艳波原声录音中的"母亲是不需要回报的"更是点题：母爱的伟大，引申出主题：同桌妈妈，让爱发声。

7.4.5　歌曲型

也就是通常所说的广告歌。这种形式便于记忆，容易传唱，很能吸引听众的注意力，常将歌曲和讲辞并用，以补充歌曲中不易突出的内容。

7.4.6　新闻型

以新闻写作方式做出的广告，特点是"真、新、短、快、活、灵"，能够抓住产品或服务的主要特征，以最简洁、最迅速的方式发布出来，充分发挥广播媒体先声夺人的优势。

7.4.7　现场直播型

利用电波媒体的同时直接对产品或服务的信息进行现场直播，能给人以强烈的真实感，让听众难以忘记。

7.4.8　戏曲型

就是运用我国传统的戏剧形式来做广告，演员在音乐或锣鼓声中进行唱段和道白的表演，要尽量少用唱腔，多用对白。

7.4.9　曲艺型

曲艺型广播广告即以曲艺的手法做广告，包括快板、评书等形式。这是一种为人们喜闻乐见的广告表现方式。

公益广告《我们一起去种树》就充分运用了快板的形式，并借鉴其他的曲艺形式让广播广告更好听、好记，更有故事性。该作品获得了首届河北省公益广告创作大赛一等奖。

《我们一起去种树》（文案）

甲：三月风和又日丽，我们一起去种电器。

　　种植电器要踊跃，造福子孙千秋业。

乙：风和日丽种电器？让人听了很诧异。

　　别卖关子装神秘，请你快点来揭秘。

甲：莫着急来别着慌，听我给你说端详。

　　要种先种净化器，吸收毒气变氧气。

　　然后再种加湿器，干燥空气变湿气。

　　接着再种吸尘器，肆虐沙尘失霸气。

　　别忘再种净水器，污染水源变秀气。

　　最后再种消声器，聒噪声音变和气。

乙：哦！听你说完才领悟，这些电器就是树。

　　种树就是种电器，改善环境最有利。

甲和乙：谈话到此先打住，我们一起去种树！

阳春三月，正是植树的大好时节，《我们一起去种树》的公益广告，采用北方脍炙人口的曲艺形式——快板书来演说，七言句式朗朗上口，表现形式生动形象，让人耳目一新。广告开篇以"种电器"引发悬念，深入浅出，把五种电器的功能巧妙地表现在植树的五大益处上，层层剥茧，最后让人恍然大悟，原来种电器就是种树。作品以大众所熟知的儿歌《小松树快长大》的节拍贯穿始终，与快板的节奏、音效完美融合，与种树的内容贴切，寓意美好。这则广告整体节奏明快，昂扬向上，创新了传统绿化、植树广告的套路，激发了人们去植树的热情。

7.5 广播广告创意要点

创意是针对目标对象，追求最佳传播效果的创造型主意，所以，广告创意要点首先是针对目标对象，第二个是创造性的主意，简单概括就是对谁说、说什么、怎么说的问题。

7.5.1 对谁说

"对谁说"，要清楚是对买的人说，要有针对性，要设计一个好的开头，广播听众是在未注意的情况下收听的，一开头就要抓住听众的耳朵，必须一听就明白，力争一听就爱听，实现听觉广告的视觉化传达，如临其境，如见其状。

7.5.2 说什么

"说什么"，就要注意认真研究商品，把握个性，寻找消费者的关注点。基本要点：每一则广告必须向消费者说出一个主张，必须让消费者明白购买广告中的产品可以获得的具体利益。所强调的主张必须是竞争对手做不到的或无法提供的，必须说出其独特之处，强调人无我有的惟一性。所强调的主张必须是强而有力的，必须聚焦在一个点上，集中打动、感动和吸引消费者来购买相应的产品。

7.5.3 怎么说

（1）突出原创性

不能脱离消费者和商品的特点。如果有人看到一则广告后发出赞美：啊！这是个好广告！那么，这个广告是失败的，如果是"啊！这东西对我很适合，我很想知道在哪里"，这广告才是成功的。

（2）把握关联性

善于联想是关键。联想可使抽象概念变得具体，从而使信息具有更强的刺激性和冲击力。

（3）注重单一性

所谓单一性，指一则广告只说一个商品，或只说一个商品某一个方面的特点、个性，并尽可能用简练的语言。广播广告时间短，信息必须单一集中，把最能体现创意精华的部分凸显出来成为引人注意的中心。

（4）保证整体性

广播广告结构设计的基本出发点和归宿就是要保证作品的整体性。保证整体性可以用"必要重复"的手法，尽力弥补广播媒体声音瞬间即逝、不留痕迹的缺陷，通过"必要重复"对主信息（主要是品牌）进行强调，使之成为实得信息，"必要重复"是形成印象和记忆的关键。注意：不是废话。主信息首次出现时间不宜太晚，以便给"必要重复"留下时间，应包括音乐、音效使用设计。怎样进入？何时扬起？何时隐去？总体上，结构设计使广告布局合理匀称，信息鲜明集中。

我们可以用下列案例分析广播创意的要点。

《一心不能二用》

（一辆正在行驶的汽车驾驶室内）

（手机铃声响起）

女（电话那端传出的声音）："喂，老公，晚上回家吃饭吧。"

男："今天不回去了，我要加班，就这样吧，我正开着车呢。"

（手机拨号声）

男：喂，是我，我这就开车去接你，晚上想吃什么？我到楼下打电话给——（尖利的刹车声，汽车撞击声）

另一男声："一心不能二用，不只是对爱。"

这则广播广告以逼真的音效与对话，再现了现实生活中一个并不罕见的情景；以极其简洁明快且具有代表性的故事情节，便直达广告的诉求，直指人心；它还充分发挥了广播广告激发联想的特性，发人深省。该故事情节带有残酷的趣味性，一边是妻子深情的期盼，而另一边则是丈夫对妻子的冷淡与谎言，及对新欢无微不至的关怀，这种强烈反差形成的戏剧性，夹杂了"一心二用"的丈夫的车祸所带来的沉重感。这种戏剧性及悲惨的结局，给听众即目标受众——那些年轻的新贵们（目前我国开车族中大多数）以强烈的刺激与警示，引发人们的联想与深刻思考。这时，一句"一心不能二用，不只是对爱情"，及时点明了广告的主题，劝诱人们凡事贵"专"，不仅对交通、对爱情，而且对生活、对事业，也该如此。这则广告在广播广告创意要领方面给了我们这样的启示：延伸听众的想象——声音及音响效果能够唤起人们的联想；语言及音效应独特、铿锵有力且容易记忆；语言宜作直接而清晰的表达；目标听众应十分明确，广告在一开始就应吸引住听众；要趁早提出品牌名称及承诺，或广告主题；要充分利用电台的适应性并结合时尚、潮流、新奇的事物；音响效果应符合实际，给人以真实感。

7.6 广播广告的制作

广播广告的制作包括两大步骤：第一步，拟定制作方案；第二步，拟定制作进程。

7.6.1 拟定制作方案

拟定制作方案是广播广告制作的第一大步骤，主要是筹备阶段。

7.6.1.1 成立创意团队

监制：领导、协调小组工作，把握各环节质量，对广告最终水平负责。有时由创意人员兼任。

创意人员：介绍创意意图，提出制作要求，协助监制保证公告制作水准。

演播人员：根据创意完成演播任务。有时创意人员可客串。

录音师：负责演播人员录音、音乐、音响的录制合成。

7.6.1.2 确定广告文案

文案为听而写，在开始工作时，文案要再作适当修改，使其更适合听，字数、时间长短恰到好处。声音和文字配合恰当，是广告文案写作的基本要求。

例如：做一个保护知识产权的公益广告时，主题确定为"让知识产权有力量，保护只属于你的智慧，知识产权保护不全面，创新将成为空谈"。作品最后结合家喻户晓的《西游记》中真假美猴王的桥段，提炼出主题句"知识产权有力量，真假定会不一样"，并由齐天大圣孙悟空的口中说出，彰显了知识产权的正义，更为作品增添了一股积极向上的力量。

《真假美猴王——保护知识产权》（文案）

（《西游记》的音乐）

孙悟空：嘿嘿……俺老孙来也！

假孙晤空：俺老孙来也！

孙悟空：嗯？你是谁？

假孙晤空：我？行不更名，坐不改姓，齐天大圣孙悟空！

孙悟空：你是假的！

假孙晤空：你是假的！

画外音：话说，唐僧师徒四人西天取经，半路又杀出个孙行者，二人相貌、言语、功夫都是一样的，无论唐僧、观音菩萨还是托塔天王的照妖镜都无法分辨哪个是真，哪个是假。两个孙悟空一直争斗到如来佛祖面前。

佛祖：假悟空乃六耳猕猴也，待我与你擒他！

（《西游记》的音乐）

孙悟空：嘿嘿……知识产权有力量，真假定会不一样！六耳猕猴，变俺老孙模样，坏俺名声，吃俺老孙一棒！

7.6.1.3　准备音乐、音效素材

7.6.2　拟定制作进程

拟定制作进程是广播广告制作的第二大步骤，主要是具体操作阶段。

7.6.2.1　抓好演播

演播是再创作的过程，讲究技巧，追求个性化、生活化。

在演播的过程中要掌握好音调、音量、音色。

音调：高音（刺激）、低音、中低音（轻松平和）。

音量：波幅大小。

音色：声音质量，优美。

7.6.2.2　用好音乐

遵循广告音乐创作的特殊性。

（1）依附性：不独立存在，服从创意总体要求，使人们更愉悦地接受广告。

（2）融合性：音乐主题、风格要同广告内涵、情绪基本一致。如：体育用品，节奏感鲜明，情绪热烈，体现年轻人的青春浪漫、气息；儿童用品，轻松、活泼、天真，富有童趣。

7.6.2.3　精心合成

将三要素（语言、音乐、音效）通过一定的手段制作成体现创意要求、可供播放的节目，需要监制、演播人员、录音师密切合作。

（1）合成人员对广告内容、创作设想、合成要求等方面明确后，充分发挥各自的主观能动性、创造性，使广告表现更完美。

（2）善于运用各种合成技术，体现出层次感、方位感（声音上下左右前后方向变化的感觉）、空间感（声音高低强弱变化的感觉）、节奏感（故意地停顿、延长、沉默，此时无声胜有声的效果）、纵深感。变声技术：使广告增添情趣，拟人手法，卡通手法。

7.7　思考题

（1）请简述广播广告创意的构成要素，并分别理解各个要素在广告创意中的作用和意义。

（2）请以"咔吱脆"薯片为题，创作一份25秒时长的广播广告，并形成规范文案。

第8章

微图像广告创意

8.1 微图像广告的产生

随着互联网技术日新月异的发展，在信息传播过程中不断出现微博、微信、微吧、微电影、微广告等形式，微时代信息传播具有短、频、快等特征，与传统信息传播相比，传播速度更快、传播内容更新颖、信息交互更便捷，信息在短时间内呈病毒扩散状在网络中复制传播。微时代的信息量巨大，用户逐渐开始选择性获取自己所感兴趣的信息，信息获取方式正逐渐从被动获取向主动获取转变，新媒体工具开始不断挑战传统信息传播模式，开启新的信息共享框架。

在当代社会语境中，快节奏、碎片化的信息传播以及媒介的多样化，使得在大量的信息里凸显有用的内容变得至关重要，这就要求广告信息内容足够精练，形式具有视觉冲击力，能让读者即刻抓住关键信息。微图像广告就是在这样的语境中应运而生的，微图像的传播不光提升了传播效率，同时也满足了受众个性化的需要。本章所说的微图像广告是特指：在微时代背景下兴起的类似微博、微信等网络平台中包含的一切非语言符号的广告形式，例如微博用户自己发布的微博图片，同时还包括微博评论下自带的表情符号以及微信表情包、企业logo上根据不同的需要添加的不同的装饰而设计出的不同特点的图像，如Doodles等。

8.2 微图像广告的特征

微时代是一个大数据信息时代，不同的地理区域、不同的生活需求、不同的受众年龄和不同的生活习俗影响着广告的微传播。

8.2.1 微图像广告信息传播速度快，具有交互性

微传播以迅捷的传播优势迅速赢得了大量用户，同时也正在改变社会生活方式和人们对世界的想象。当代的受众正在逐渐改变被动从报纸、广播、电视等媒体获取信息的方式，第一时间向互联网索取资讯，微时代的信息传播几乎可以实现同步传播、同步接受。微图像广告在这种大环境下具备了信息传播速度快的特征，"微"图像的格式较小。这一特点使得微图像更容易上传、更利于传播，等候图片的时间越短，越能让观看者的注意力集中在图像上，从而保留最好的效果，而且对于使用移动互联网的受众来说，可以减少流量使用。同时，"微"图像不会占用太多的内存，这个特点使得"微"图像很适合被受众保存下来，继续传播。

微博图像传播速度快也是因为它具有"微"图像裂变式传播的特点。微博图像可以通过转发按键"一键转发"，同时也可以转发到其他任意的平台上。微博相比于其他媒介更加开放，例如微信朋友圈。微信比较局限于自己的朋友，而微博可以突破年龄、职业、收入等限制，所以，微博可以做到裂变式的传播。特别是现在的移动互联网技术非常发达，用户可以将看到的事物拍成图像随时上传到微博中，看到新鲜的图像一键瞬时转发，而且微博有5亿左右的用户，虽然每位用户的关注点都不同，但总会有重合的关注者，所以，一旦发布的图像进行了裂变式的传播，那么这则图像会很快出现在你的微博当中。

微图像广告形式除具备发布信息功能以外，还具有转发、关注、评论、搜索等功能，关注用户在传播过程中从阅读信息开始已经成为信息传播的受众，不管是选择转发还是放弃转发、点赞或评论都是对信息传播效果的一种反馈，这种反馈具有双向性，从交互的结果可以看出受众对信息的关注热度。

8.2.2 "微"图像广告信息直观

"微"图像广告所传达的意义比较浅显，不用让受众去琢磨、思考而是通过直观地看，就能明白图像的意思。立意微不仅能加快传播速度，同时还能避免受众产生歧义。这也是在视觉时代，受众以"感官代替思考"的最明显的特点。在传统的接收信息的方式下，受众需要对得到的信息进行分析、理解、质疑，进而拥有自己看问题的角度。即使是欣赏一幅美术作品，每个人对作品的理解也是不同的，比如从作品的光线、色彩、构图以及人物关系等方面去分析，都会得出与别人不同的看法。"微"图像在新媒体的传播之中需要大大地弱化这一流程，因为这样的分析流程会增加时间成本，从而降低传播速度。同时，为了不使受众产生歧义，就需要"微"图像表达的是最直观的意思。例如用一个"微"图像代表一个人现在的心情：大笑的表情就是高兴，流泪的表情就是难过，不需要有任何文字符号，也不会使受众产生误解。因此"微"图像的立意微使受众不会也不需要去深究它的深层含义。

"微"图像广告需要有很强的画面感。在微时代的背景下，大量信息涌入受众的视线，例如在微博上几乎每一分钟都会有十几条甚至几十条的消息更新。特别是进入视觉时代后，几乎满屏都是大量的图像信息，"微"图像必须有足够的吸引力才能获得受众的关注，因此对于受众感官的刺激尤为重要。"微"图像可挖掘的信息较少，要想吸引眼球，就需要夸张一些。独特的构图、强烈的色彩对比、夸张的人物造型等，使其能在大量的信息中瞬时吸引受众的注意力，达到传播效果。

微图像广告是一种新型的广告模式，符合现在主流的"互联网+"产业发展趋势，能够在有效广告时间内结合品牌文化，用独特的方式，引发广告受众在情感上的共鸣。微图像广告成为了广告发展的一个重要的新方向。

8.3 微图像广告创意类型

8.3.1 微信表情包广告创意

微信表情包也是在微时代兴起的产物，它的出现很能说明"微"图像在人们的日常交流中的改变，从简单的符号到emoji表情，到现在的表情包，逐步形成了一种流行的文化。在快节奏的生活方式下，人们的心态已经有所转变，人们需要有一个娱乐意义的文化，让人们在分享信息时感受到传播的乐趣。表情包的存在可以很好地起到释放感情的作用，因为图像本身就有一种具体的形象，它不像文字那样抽象、生硬，并且表情包使用起来很方便，远比打字要快得多。表情包是在微信兴起后，逐渐进入大家的视野当中的，一开始受众只是使用由微信平台推出的表情包，而后不久网上就开始由各种网友设计制作表情包。表情包的制作极其简单，只要有图像，无论是静态图还是动态图，只要添加到自己的微信里，就可以使用它。

这些表情之所以能成为微信表情包并且传播广泛，不仅与这些表情自身符合微图像的传播特点有关，而且与微信本身有一定关系：作为微时代的产物，微信是人们日常交流的工具，微信朋友圈的信息传播对象以微信通讯录用户为基础，传播过程与微博相似度高。交流内容大多不会很严肃，仅用文字表达会有些单调无聊，此时加入活泼搞笑的元素会有助于活跃聊天的气氛。在进入视觉时代后，已经由读文变为读图，对于大多数受众来说，图像比文字更能吸引大众的注意力，用一个表情就能解决的对话，则不需要过多文字赘述。

动漫表情包的存在使得表情包的发展更为迅速，而动漫是设计制作的，它的人物造型本身就比较夸张，使用人群更广泛。

"金犊奖"是全球华人地区规模最大的学

图8-1　微信表情包广告

生广告创意比赛活动，在2016年第25届金犊奖策略单上首次出现了以微信表情包创意为题目的题材。下面是具体创作的策略单：

广告主：旺旺集团

广告主题："旺仔俱乐部——每个人的心中都有一个小旺仔"表情包设计

传播/营销目的：

1. 增加旺仔形象的多元化展现；

2. 给予旺仔更多贴近年轻人生活的情绪、表现及反应；

3. 提升旺仔在年轻人间乐于传播的话题及方式。

旺仔简介：

旺仔出生于1979年，以可爱活泼的外表，自信勇敢的笑容，成为旺旺的象征，也是大家的孩子。

旺仔的设计秉承旺旺集团"缘、自信、大团结"的经营理念，旺仔之圆头和头发代表惜缘及延揽贤士，眼睛向上看代表企业营销要看得远并且经营得法，笑口常开及心形舌头代表充满自信和待人的赤诚之心，双手展开作拥抱状，左手拥抱，右手提携，挽起的袖手及裤子表示开创空前新事业奋袂而起，没有穿鞋的大脚，代表脚踏实地、四平八稳。

旺仔形象一直肩负着对于旺旺产品营养健康的品质保证，希望未来满足中国大小朋友欢乐成长的愿望。

旺仔从你出生到工作，一直陪在你身旁，你希望旺仔如何与你互动？你希望旺仔如何帮你说出想说又说不出来的话？旺仔从2015年起推出旺仔俱乐部，以幸福小旺仔的形象与你见面，快来认识他吧。

传播对象：12～35岁的学生、白领、粉领

沟通调性：

1. 活泼、有趣、萌

2. 给人欢乐、幸福、亲切感

3. 能表达喜怒哀乐或有共鸣的场景

设计要求：

1. 旺仔形象创意造型不限，可从生活的衣、食、住、行等各方面进行延展（如拜年的旺仔、踢球的旺仔、旺仔和他的好朋友一起读书等），可根据需要适度融入其他角色，使创意更加生动活泼，旺仔的形象融入大众娱乐时代，更具新鲜感和亲切感。

2. 表现形式包含静态、动态贴图，一套组以八个为主，可用于微信、QQ、Line等通信软件图示开发。

8.3.1.1　微信表情包创意要领

北京工业大学广告学系2015级学生梁牧赫与马天怡参加了第26届金犊奖"旺仔俱乐部——每个人的心中都有一个小旺仔"表情包设计项目，最终获得"金犊奖"奖项。笔者作为辅导教师，借此篇幅通过学生的具体作品探讨微图像广告创意的经验和规律。

作品名称："方言系列旺仔"微信表情包设计

创作者：梁牧赫　马天怡　北京工业大学广告学系学生

获得奖项：第26届时报金犊奖"指定品牌类——旺仔表情包设计"金犊奖项

（1）进行品牌分析

"旺仔"品牌深具中国传统色彩，又迎

合了中国人追求幸福安康的心理需求。短短二十几年，"旺旺"已经成为国内消费者熟知和喜爱的知名品牌。旺仔形象将企业的经营理念——"缘、自信、大团结"集于一身，深入人心。1992年，旺旺正式开始拓展中国大陆市场。旺旺自投资大陆市场以来，足迹遍布全国。

（2）开发创意理念

在确定创作思路时，首先确定表情包要传承旺旺的经营理念和旺旺标识（旺仔）所传达的中国传统文化内涵，其次是要满足18~35岁消费者使用表情包的特性，重点是考虑使用者范围要与旺旺在国内的市场发展相匹配，同时要考虑18~35岁表情包使用者的感情偏好。基于上述两点要求，我们将表情包的设计聚焦在了"地域方言"上。

（3）确定创意主题

方言是一个民族语言的变体，汉语方言俗称地方话，是民族文化和地域文化的有机组成部分。可以说，方言更能代表地域文化特色。近年来，方言在年轻一代的身上复苏，市场上越来越多的方言产品吸引了年轻人的注意。人们觉得方言是个很有意思的东西，能划分出很多类型，如逢年过节的时候各地不同方言的祝福，或者朋友之间的恶搞玩笑等。如果能用方言来做表情，对旺仔形象扩大在国内的影响力是一次有价值的创新尝试；同时，也可以引起18~35岁消费者对旺旺企业及产品的更多的关注，帮助企业提升品牌价值和客户忠诚度。

我们利用中国各地的方言，配合当地具有代表性的服饰进行表情包的制作，增加了旺仔形象的多元化展现。根据一些有代表性的、有趣的方言越来越普及、越来越流行的现象，我们将传统的表情以方言的形式加以演绎，使旺仔的表情更生动、更有趣、更新奇，更贴近年轻人生活的情绪、表现及反应。用熟悉、亲切的家乡话，唤起年轻人的亲切感、认同感，从而提升旺仔在年轻人间乐于

传播的话题及方式。

（4）选择表现方式

在表情包文字方面，我们选择了官话方言、吴方言、粤方言、闽方言等来自不同地域的方言作为代表，意在体现"五湖四海皆旺"的情感寄托，秉承了旺旺集团大团结的经营理念。在人物形象方面，我们根据各方言地区选择了当地最具代表性的服装，配合着旺仔活泼有趣的表情，带给人们欢乐、幸福、亲切感、认同感，使人产生共鸣并乐于传播。

（5）作品形式设计

1）北京（图8-2）

马褂儿一穿、瓜皮帽儿一戴，手里拎个鸟笼，大摇大摆的样子，一个老北京爷们儿活生生地出现在我们面前。北京人大方爽朗，一句"吃了吗您呐"——亲切热情又不失礼节的问候，体现出了北京方言的语言特色。

图8-2 微信表情"旺仔"北京方言

2）上海（图8-3）

提到上海，给人最深的印象，便是20世纪30年代的老上海风情，饱含着"海纳百川，兼容并蓄"的海派文化。本套服装取材于电影《上海滩》中的人物形象，深色西装，谦

图8-3　微信表情"旺仔"上海方言

逊有礼，和人问候时，优雅地摘下礼帽，微微颔首，配上"谢谢侬"这样耳熟能详的上海方言，一个鲜活的老上海绅士便展现于眼前。

3）广东（图8-4）

广东给人最浓郁的感觉便是它的市井文化。广东湿热的气候，造就了大街上背心裤衩的景观。早茶文化又孕育出了广东地区丰富美味的小吃，蒸笼里的虾饺早已散发香气。表情包中的旺仔不知因为何事惊讶得连虾饺都掉地上了，因此，我们为该形象搭配的人物语言为"猴赛雷"，这是今年在网络上流行的一句广东方言，深受年轻人喜爱，本意为"好犀利"、"好厉害"，自流入网络后，还附有一种调侃的意味。

4）台湾（图8-5）

港台剧里经常会出现一句闽南话："歹势"。在闽南方言中，"歹势"有"不好意思"、"对不起"的意思，用于道歉场合，除此之外，也有"害羞"和"时运不佳"之意，在这里，我们取前者的含义。该形象的服饰，取材于台湾高山族原住民的民族服装，其特征是两幅麻布拼成的无袖筒外褂。旺仔人物双手合十，眼中泛起泪光，作道歉姿势。

5）四川（图8-6）

火辣辣的城市，四川的辣椒也是闻名四方的。代表四川的形象是一个惬意躺身，右腿微微摇晃，表情享受的旺仔。配以当地特色的彝族服饰：黑色窄袖右斜襟上衣和多褶宽裤脚长裤，嘴中不禁吐出四川方言："巴适"。"巴适"有舒服、很好、惬意之意，更体现了身在"天府之国"的悠闲安逸之感。

6）河南（图8-7）

中国古都，更是金庸小说中武侠英雄辈

图8-4　微信表情"旺仔"广东方言

图8-5　微信表情"旺仔"台湾方言

图8-6　微信表情"旺仔"四川方言

图8-7 微信表情"旺仔"
河南方言

图8-8 微信表情"旺仔"
东北方言

图8-9 微信表情"旺仔"
陕西方言

出之地，因此，我们选择了少林寺武僧作为河南的代表形象，配上河南方言"弄啥嘞"（干什么呢）这一疑问句，使我们的少林小僧活泼有趣，引人发笑。

7）东北

自从在戛纳电影节上走红之后，东北大花袄就火遍了全球。另外，东北的二人转也是有名的地域文化之一，一个穿花袄的二人转演员，手里拿着小手绢，故作娇羞地说着："俺老稀罕你了"（我好喜欢你），滑稽而幽默。

8）陕西

光看到陕西二字，眼前便会浮现出粗犷豁达的青年站在雄伟的黄土高原上大喊："美滴很"（美得很，关中方言），身前再配上天下第一鼓——安塞腰鼓，双手一高一低，击打鼓面，双腿跃起，歌颂着陕西地区的壮美辽阔。

（6）创意延伸

"旺仔方言表情包"这项创意获得了第26届时报金犊奖"指定品牌类——旺仔表情包设计""金犊"奖项。在此项创意的基础上，创作者进行了创意的延伸，以8个代表地域文化的微图像形象进行了旺仔文创产品设计，获得了同届金犊奖"铜犊"奖项（创作者：

梁牧赫、马天怡、路婧）。

旺仔文创产品的创意，选择了钥匙链、马克杯、环保袋这三种最符合当代年轻人消费倾向的产品（图8-10～图8-12），秉持着旺仔俱乐部好吃、好玩、好拿的品牌调性，使旺仔从各个方面融入到年轻人的生活中，并使人体会到旺仔俱乐部的精神。尤其在环保袋的设计上，每个袋子的背面都以环保袋正面的旺仔人物形象所代表的地域版图作为标志，并以能够体现当地特色的词语来拼接构成整个版图轮廓，满足在不同地域进行系列宣传活动的需求。

旺仔文创产品设计将不同地域的旺仔组合为一个系列，当全套文创产品呈现在眼前时，能够体现出一种整体感，每套产品各有特色，又相互融合，在与消费者保持情感沟通的同时，又与旺旺集团"大团结"的营销理念相呼应。

这项同时获得"金犊"奖项和"铜犊"奖项的创意，开创了大学生微图像广告创意的空间与领域，它既借用了中国本土传统文化的元素，又融入了当代年轻消费者富有朝气时尚的文化语境，为微时代中微图像广告的发展提供了可贵的探索方向，积累了全新的创意经验。

图8-10 "旺仔方言微信表情"延伸创意：旺仔文创产品水杯设计

图8-11 "旺仔方言微信表情"延伸创意：旺仔文创产品手提袋设计

尺寸：35mm×60mm 材质：亚克力材质

图8-12 "旺仔方言微信表情"延伸创意：旺仔文创产品钥匙链牌设计

8.3.2 微图像Doodles广告创意

随着微时代的发展，"微"图像也不再局限于微博、微信当中。将"微"图像的范围稍微扩大一些，不难发现，互联网上有很多事物具备"微"图像的影子。例如doodles就是在企业logo上添加不同的装饰，根据不同的需要，设计出不同特点的图像。Doodles最先出现在google的logo上，百度等搜索引擎近几年才开始使用这种形式。设计者可以根据各种节庆日、纪念日以及名人诞辰等，使企业logo焕然一新。

例如2015年的三八妇女节，百度的logo中多了一个插图（图8-13）：一个穿着芭蕾舞裙的女孩儿站在八音盒里，在八音盒周围有一些生活用品，包括鸭子玩具、婴儿推车、鲜花、奶瓶等。若将鼠标移到图像后，会出现"祝各位女神快乐"的字样。这种形式的确会让人眼前一亮，并且"微"图像的特点也很明显：立意简单，但也拥有美感，视觉上并不枯燥；文字搭配恰到好处，给人一种意外的惊喜。

使用doodles这种形式显然是百度的一种营销方式，在目标人群上重点迎合的是比较年轻的女性群体。百度在设计上也充分考虑了自身品牌特点以及定位，还有一些其他的创意活动。百度也设立了Doodles创意标准（图8-14）。

在第26届时报金犊奖上也出现了百度首

图8-13 百度Doodles

540px

258px

图8-14 Doodles创意标准

页节日Doodles的创意策略单，希望借此强调百度更懂中国（文化、传统、习俗）和科技性以及建立年轻的品牌形象。不可否认的是，"微"图像创意已经在当今的创意领域逐渐流行起来。

第26届金犊奖百度首页节日Doodles创作策略单

（平面、影片、动画、游戏）

企业主：百度

创作主题：百度首页节日Doodles创作

传播／营销目的：

以百度首页节日Doodles为载体，强调百度品牌更懂中国（文化／传统／习俗），传承中国文化。以百度首页节日Doodles为载体，传递百度品牌的趣味性和科技性，建立年轻品牌形象。

产品介绍：

在百度，妙趣横生的首页Doodles一般都是为了庆祝节日、纪念日以及名人的诞辰会而出现的特殊设计Doodles。我们希望节日Doodles能够表达百度的价值观与趣味性。强调百度更懂中国（文化／传统／习俗）和科技性，建立年轻的品牌形象。

品牌个性：年轻／活力／有趣／科技／潮流

传播对象：年轻学生和白领，互联网的经常使用人群

重点诉求：可选择不同节日、纪念日自由发挥，不设限

表现形式：

以全年任何节日或纪念日为主题自由发想，作品需体现节日内容，有独特的想法，构思不受限。

作品呈现方式：平面／动画／影片／游戏

8.3.2.1 Doodles创意要领

北京工业大学信息学部学生与广告学专业学生联袂参加2017年第26届时报金犊奖"指定品牌类——百度首页节日Doodles创作"，获得了优秀奖奖项，本章借此篇幅，以具体的作品为例，探讨微图像Doodles广告创意的经验和规律。

作品名称："24节气"百度首页节日Doodles设计

创作者：姬庆庆，北京工业大学计算机学院（广告学系双学位）学生

陈楠，北京工业大学信息安全专业学生

孙旭彤，人文学院广告学专业学生

获得奖项：第26届时报金犊奖"指定品牌类——百度首页节日Doodles创作"优秀奖

（1）进行品牌分析

百度作为本土最为著名的搜索引擎公司，在第26届金犊奖上也出现了百度首页节日Doodles的创意题目，表达了百度对中国文化、传统、习俗和科技性的关注和强调。

（2）开发创意理念

2016年12月1日，联合国教科文组织保护非物质文化遗产政府间委员会在埃塞俄比亚宣布，将中国申报的"二十四节气"列入人类非物质文化遗产代表作名录。因此，本作品围绕这一让我们感到自豪的文化遗产进行创作。

（3）确立创意主题

作品通过图形图像表达了中国传统24节气各自的特征，体现了各节气的气候特点、历史由来、农事特点、传统习俗以及南北差异等。每个节气Doodles还附有一句能体现节气特征的诗句或谚语，充分表现了24节气源远流长的历史特征和厚重深远的文化底蕴。本作品旨在通过Doodles这种新颖的传播方式使得广大年轻人深刻理解24节气的真正含义

及由来，而不仅仅是停留在"冬至吃饺子"、"立春吃春饼"这样简单的层面上。通过这种方式，最终让中国传统文化中的24节气不至于被后代人遗忘，或者是被曲解，促进中国传统文化的传承和发展。

（4）选择表现方式

在图形创作过程中融入了大量的中国元素，如水墨画、剪纸、简笔画等；在文案创作上，结合印章的形式展现节日名称，利用古诗句或谚语表现节气特点。其中不少素材均为自行拍摄，如冬至中的角楼系北京降雪后前往拍摄的照片抠取形成，寒露、霜降两个节气的枫叶系秋日落叶后拍摄所得。

（5）作品形式设计（图8-15）

这项由北京工业大学计算机系和广告学系共同创意的作品，获得了第26届金犊奖大赛中的优秀奖，它开创了大学生微图像广告创意的空间与领域，体现了当代广告形式融技术与设计于一身的发展状态，显示了在多重媒介环境下微图像广告发展的跨界性，也为微时代中国微图像广告的发展作出了可贵的探索。

8.4 思考题

1. 请以"旺仔挑豆形象表情包设计——挑逗你的嘴！"为创作主题设计一组形象表情包。创意要求：

（1）具象化旺仔挑豆产品形象，如三只松鼠IP（Intellectual Property），进而延伸到各种聊天情境下适当的表情贴图。

（2）结合时下年轻族群常用网络用语，让表情贴图更融入年轻族群的生活。

（3）一组表情包中必须含有至少一个"味觉的挑逗"之情境。

（4）一组以12个为主，请在A3（420mm×297mm）幅面中呈现，全为静态或全为动态，贴图适用于微信、QQ软件等。

图8-15 "24节气"百度首页节日Doodles设计

参考文献
References

［1］郭晓琴，数字环境下创意怎么做［J］，新闻研究导刊，2016年第7卷第13期。

［2］万新娜，浅谈广告创意理论、原则、过程及表现手法［J］，企业导报，2012年第11期。

［3］从珩，经典广告创意理论在新媒体环境下的延伸［J］，广告研究，2016年第6期。

［4］陈书杰，理性广告创意方法及发展趋势探究［J］，齐齐哈尔大学学报，2016年第10期。

［5］黄如，现代广告的创意概念研究［J］，设计，2013年第3期。

［6］汤晓山，广告创意思维的阐述与构建［J］，传媒：MEDIA，2015年11月（下）。

［7］胡巨儒，平面设计中的广告创意的几点思考［J］，艺术设计，2016年16期。

［8］赵立石，抽象图形在平面广告中的视觉传达作用［J］，视觉设计，2016年第1期。

［9］袁莹，从平面创意设计探讨系列广告文案的创作手法［J］，职校科技，2015年33期。

［10］杨鑫，广告文案的创意规则初探［J］，教育与培训，2016年第4期。

［11］陈韵如，刘雅婷，分析过程在平面广告中的运用——以一则雀巢咖啡的广告为例［J］，综合研究，2015年第1期。

［12］梅玉红，平面广告文案中的标题创作研究［J］，多媒体技术及其应用，2015年第2期。

［13］郝悦，浅析广告文案对现实愿景的建构——以NIKE官方微博创意文案为例［J］，广告在线，2015年11期。

［14］蔡茗惠、鲍鲲，在关联中娱乐：网络流行语与电视广告文案［J］，市场营销与技术，2016年第6期。

［15］袁莹，从平面创意设计探讨系列广告文案的创作手法［J］，职校科技，2015年33期。

［16］田帅，图形创意在平面设计中核心价值的研究，哈尔滨师范大学，硕士学位论文2016年6月。

［17］梁安石，关于影视广告摄影技巧的应用［J］，新闻研究导刊，2016年6月第7卷第12期。

［18］宋欣，论影视广告中的创意思维［J］，探索与争鸣，2015年第2期。

［19］谢珊，浅谈影视广告的语言特征［J］，高等教育，2008年第7期。

［20］李淼，浅谈影视广告作品的摄影技巧运用［J］，广播电视，2013年第6期。

［21］顾晋，声音在影视广告中的作用［J］，美学技术，2016年第7期。

［22］张晓婷，网络时代的影视广告传播与设计制作新理念［J］，湖南工业职业技术学院学报，2013年10月第5期第13卷。

［23］陈月娥，影视广告创意的内涵解析［J］，鄂州大学学报，2015年第1期。

［24］修昕昕、林茹，影视广告创意探究［J］，影视传媒，2017年第2期。

［25］易拍即合TVCBOOK，2016年十大创意广告视频［J］，中国广告，2017年第2期。

［26］武伟，关于广播广告创意制作技巧的探讨［J］，前沿，2016年19期。

［27］贺玉龙、黄薇、宋丽，我们的广播公益广告创意方法论［J］，媒介经营，2016年第4期。

［28］丁祥青，基于"微"传播的影视广告创意设计研究［J］，牡丹江大学学报，2016年第1期，第25卷。

后 记
Postscript

这不是我的第一次。

——我是说，编著教材这件事。

但这次，完善数遍终于封笔交稿，心中有着前所未有的如释重负之感。

之所以前所未有，是因为实现了一个心愿，那就是终于将可以称作"一手"的资料，进行展示和交流。多年来，担任大学广告学专业教师和广告公司创意总监，我有太多机会接触成功或者失败的创意案例，这些案例在庞大的广告系统中也许微不足道，但它们带来的经验甚至教训，在默默流淌的时光之河中，成为一尘一埃积累着的肥沃土壤。

当然，本书更多地是对形成共识的一些著名观点进行交流开拓，所以，尽量将资料出处分章节翔实地展列在参考文献部分。但是，为了对经典观点的交流和创新思路的开拓，也引用了出处不明但编者认为观点可贵的资料和图片，虽然无法注明原创者，但的确存在着交流传播的价值，期望原创者严谨鉴定后，积极和出版社联系，编者定真诚求证、反馈和致谢。

本书完稿正值盛夏，封笔之时，才留意到窗外高歌的鸣蝉。法布尔曾这样描述这种生物："四年黑暗中的苦工，一个月阳光下的享乐，这就是蝉的生活。……它掘土四年，才能够穿起漂亮的衣服，长起可与飞鸟匹敌的翅膀，沐浴在温暖的阳光中。什么样的钹声能响亮到足以歌颂它那得来不易的刹那欢愉呢？"我想创意也是如此，从事创意者，并非前线勇士，犹如在幕后长期劳作者，重要、艰辛而低调，好在创意过程本身就是回报，观瞻到成果的展现，又怎能不想如鸣蝉那样，畅快交流一番经长久思索而获得的瞬间深深的喜悦呢？

任何竣工，无论辉煌还是平凡，背后总有默默奉献支持者，虽然后记加入"致谢"落入俗套，我还是要借只言片语衷心感谢我年迈的婆婆，在我从事繁忙撰写工作之时，承担了所有琐碎家务；感谢我的先生，始终给予我最前沿媒体讯息的熏陶和滋养；感谢我的幼儿陈早默契的配合；感谢我的挚友张晓辉、徐黎雅、陈曦助我实地调研，辛苦拍摄；更感谢我亲爱的同事们至始至终地坚持合作，将这份本来繁重的学术任务变成了快乐而充实的收获过程。而这一切，都将这一本密密麻麻的无声的铅字，转换成了一份充满情感的创意体验，正如它的终极目的一样，都是为了更好地"创意"和存在，无论是——广告，还是，我们自身。